247명의 대통령

나남
nanam

나남신서 1449
247명의 대통령

2010년 3월 1일 발행
2010년 3월 1일 1쇄

지은이_ 安熙正
펴낸이_ 趙相浩
펴낸곳_ (주) 나남
주소_ 413-756 경기도 파주시 교하읍
출판도시 518-4
전화_ (031) 955-4600 (代), FAX : (031) 955-4555
등록_ 제 1-71호(79.5.12)
홈페이지_ http://www.nanam.net
전자우편_ post@nanam.net

ISBN 978-89-300-8449-9
ISBN 978-89-300-8001-9 (세트)
책값은 뒤표지에 있습니다.

나남신서 1449

247명의 대통령

안희정 지음

나남
nanam

머 리 말

분권과 균형의 새로운 시대!
247명의 대통령이 만들어 가는 나라!

우리는 민주주의를 위한 투쟁에서 늘 승리해 왔습니다.

독재자가 국가권력을 갖고 국민의 인권과 자유를 억압할 때가 있었습니다.

우리는 반독재 민주화투쟁을 전개했습니다.

장기집권 저지를 위해 투쟁했습니다.

공명선거를 쟁취하기 위해 싸웠습니다.

헌법이 보장하고 있는 국민의 기본권을 지키기 위해 싸웠습니다.

집회, 출판, 결사, 행복추구권, 자유와 인권 존중을 위해 싸웠습니다.

우리는 이 투쟁에서 승리했습니다.

이 역사를 거꾸로 돌릴 수는 없을 것입니다.

이명박 정부 들어 미네르바 시건, 촛불연행, 노무현 전 대통령의 죽음, 용산의 죽음 등… 국민의 기본권이 위축되고 자유와 인권이 침해받고 있습니다만… 그래도 자유와 인권, 민주주의라는 시대적 대세를 완전히 거꾸로 돌릴 수는 없습니다.

이명박 정권이 조중동과 결탁해서 국민의 눈과 귀를 가리고, 국가 권력기관을 동원해서 과거 독재정권의 못된 정치공작을 자행하고 있습니다만… 반독재 민주화투쟁을 승리로 이끌어 온 우리 국민의 저력을 저는 믿습니다.

절대로 국민을 타고앉아 호령하는 독재권력은 성공할 수 없습니다.

이명박 정부가 불행해지지 않으려면 조중동과의 결탁, 국가 권력기구의 횡포를 중단해야 합니다.

민주주의와 인권을 지키기 위한 우리 모두의 투쟁은 계속되어야 합니다.

입법, 사법, 행정이 3권분립의 원리에 따라 상호견제와 균형의 관계를 발전시켜 나가야 합니다.

입법부의 다수파가 대통령의 허수아비로 전락하고 있습니다.

사법부가 대통령 권력 앞에서 초라해지고 있습니다.

김대중, 노무현 정부 때 그렇게 당당하게 외치던 권력기관들의 '독립성 주장'도 오히려 더욱더 초라해 보입니다.

서울대 총장으로서 노무현 정부에 위풍당당하게 맞서던 그 정운찬 씨가 오늘에는 이명박 대통령 앞에서 한없이 초라하고 볼품없는 사람으로 전락하고 있습니다.

촛불연행 때문에 수많은 시민들이 위축감을 느끼고 있다고 합니다.

하지만 이런 수많은 위기 속에서도 저는 자신합니다.

우리 국민과 시민사회의 민주주의 역량은 이 위기를 잘 극복해 낼 수 있다고 자신합니다.

1960년의 4·19혁명, 1978년의 부마항쟁, 1980년의 광주항쟁, 1987년의 6·10항쟁의 역사가 있습니다. 1997년 정권교체의 역사가 있고 2002년의 노사모 기적이 있습니다.

우리 국민은 불량정권 이명박 정부를 물리치고 자유와 인권이 살아 숨 쉬는 민주공화국 대한민국을 지켜낼 것이라고 저는 믿습니다.

독재자를 몰아냈지만 우리의 민주주의 과제는 산적합니다.
21C 민주주의 운동의 과제는 '지방화, 지방분권화' 입니다.

평화와 통일을 향한 분단조국의 미래를 어떻게 열어나갈 것인가를 걱정합니다.

고용 없는 성장시대, 양극화 시대를 어떻게 극복해 나가야 할지 걱정입니다.

이제 눈앞에서 현실이 되어 가고 있는 저출산 고령화 시대가 걱정입니다.

저는 이 시대적 과제를 해결하기 위해 국가균형발전 전략을 발전시켜야 한다고 믿습니다.

균형발전을 해야 한다는 말을 역으로 뒤집어 보면 어느 한 곳으로 힘이 몰려 있는 것이 현실이라는 의미이기도 할 것입니다.

20세기의 민주화운동은 자유와 인권을 향한 투쟁이자 3권분립 운동이었습니다.

이제 우리는 더 좋은 민주주의를 위해 21세기 민주주의 운동을 전개해 나가야 합니다.

그것의 핵심은 '지방화, 지방분권화' 입니다.

중앙권력에 대항하는 지방분권투쟁이 전개되어야 합니다.

대한민국에서 이 지방분권화는 더욱더 절실합니다.

정규직과 비정규직의 갈등, 남과 북의 갈등, 남과 여의 갈등, 청년과 노인의 갈등, 국가 간의 국제적 갈등, 외국인 노동자와 국내 노동자의 갈등… 그 어떤 갈등보다도 우리 사회를 심각하게 왜곡시키는 것은 중앙과 지방 간의 갈등입니다.

오늘날 우리가 극복하고자 하는 지역주의 정치도 결국 그 본질은 중앙권력을 차지하기 위한 출신지별 지역엘리트들의 투쟁입니다.

모두가 다 서울의 중앙권력을 차지하기 위해 싸웁니다.

국회의원과 대통령으로 상징되는 중앙권력이 모든 자원배분의 열쇠를 다 쥐고 있기 때문입니다.

지난 시절, 노무현 대통령은 대통령 권력의 특권화를 거부했습니다.

대통령이 관행처럼 갖고 있던 수많은 통치권을 헌법과 법률 위로 내려놓으셨습니다.

그리고 서울과 지방의 양극화를 극복하기 위해 국가균형발전 전략을 수립하셨습니다.

덕분에 노무현 대통령 시기에 지방자치단체장을 했던 모든 자치단체장들은 '일 잘하는 시장, 도지사'로 평가받을 수 있었습니다.

덕분에 판사님과 국회의원님 그리고 검사와 언론인들은 이제까지 누려보지 못한 '존경과 권위'를 누릴 수 있었습니다.

하지만 이명박 정부가 들어서자마자, 이 모든 것은 거꾸로 돌아가 버렸습니다.

입법부는 식물국회가 되어버렸고, 사법부는 걸핏하면 정쟁의 중심에 서게 되었으며, 모든 지방의 자치단체장들은 과거 임명직 시도지사보다도 못한 신세로 전락하고 있습니다.

저는 그래서 다시 한 번 또 결심하고 결심합니다.

지방화, 지방분권 투쟁이야말로 21세기 더 좋은 민주주의를 향한 우리 모두의 투쟁이 집중되어야 할 영역이라고 생각합니다.

권력이 이동해야 지역이 발전합니다.

서울에 살지 않으면 2등국민이 되는 현실을 극복해야 합니다.

서울과 중앙권력의 일극중심 사회를 지방분권 사회로 다극화시켜야 합니다.

서울에 살아야 일류가 되고 지방에 살면 2류인생이 되는 이 현실을 극복해야 합니다.

모든 자원(돈, 사람, 정보)은 계속해서 서울로 집적되고 지방은 가면 갈수록 피폐해지고 있습니다.

이 현실을 극복하려면 무엇보다도 먼저 서울에 집중되어 있는 정치, 경제, 사회문화적 중심을 지방으로 분산시켜 내야 합니다.

본사의 대부분이 서울에 있고, 금융의 중심도 서울에 있고, 교육의 중심도 서울에 있고, 문화와 예술의 중심도 서울에 있습니다.

하지만 시장논리에 기반하는 이 모든 부문을 지방으로 강제분산시키는 것은 사회주의 국가체제가 아닌 한 실행하기 어렵습니다.

결국 정부와 공공분야가 먼저 움직여야 합니다. 분권과 분산을 위해 먼저 나설 수밖에 없습니다.

노무현 정부는 이를 위해 행정수도 이전과 국가균형발전 전략을 수립하고 실천했습니다.

여야합의에 의해 법으로까지 만들어 놓았습니다.

하지만 이 좋은 국가비전이 지금 쓰레기통으로 처박히고 있습니다.

'좋은 지방권력'이 있어야 균형발전을 지킬 수 있습니다.

노무현 대통령 같은 '좋은 대통령 권력'이 지방분권정책을 만들어 냈습니다.

하지만 그것을 지키고 발전시켜야 할 책무는 '좋은 지방권력'에 있습니다.

지난해, 종부세 제도가 폐지될 때 어떤 지방권력(지방정부)도 종부세제 폐지를 반대하는 활동을 하지 않았습니다.

서울에 시 · 도청 서울 분소를 두면서 예산 몇 푼이라도 더 따보자고 노력하는 것이 지방자치단체장들의 현실입니다. 그런데 3조 5천억 원에 이르는 부동산교부세가 종부세 폐지로 하루아침에 공중으로 사라져 버리는 상황에서 그 어떤 시 · 도지사님도 싸우지 않았습니다.

행복도시와 10개의 혁신도시(공공기관의 지방이전을 밑천으로 각 시도에 개발되고 있는 10개의 혁신도시)가 뿌리째 흔들리고 있습니다. 하지만 어떤 시 · 도지사도 나서서 싸우지 않고 있습니다. 지난 민주정부 10년 동안, '착한 대통령'이 위에서부터 내려준 지방분권화가 얼마나 허약한 뿌리를 갖고 있었는지 여실히 보여주고 있습니다.

2007년 행복도시 기공식에서 노무현 대통령은 이렇게 말씀하셨습니다.

"여야 대선후보가 행복도시와 균형발전 계속추진을 약속하고 있으니 안심입니다.

균형발전과 행복도시는 16개 시 · 도지사와의 합의, 여야 간의 합의, 법 제정에까지 이르렀으니 아무도 그것을 뽑지 못할 것입니다.…"

생전에 하셨던 그 말씀을 기억하면 정말로 죄송하고 부끄러운 심정입니다.

분권과 균형의 새로운 시대!
247명의 대통령이 만들어 가는 나라!

지방분권주의자들이 중앙권력의 독단에 대항해 싸워야 합니다.

이것은 서울과 지방의 싸움이 아닙니다.

서울과 수도권도 나름대로 독립성과 자율성을 갖는 지방분권의 한 주체가 되어야 합니다.

대통령의 잘못된 정책에는 제동을 걸어야 합니다.

중앙정부 눈치 보면서 예산 몇 푼, 기업 몇 개 유치로 지역발전이 이루어지지는 않습니다. 16개 시 · 도지사와 230명의 단체장은 분권과 균형의 지도자가 되어야 합니다.

이제 민주공화국 대한민국은 1명의 대통령이 통치하는 나라가 아닙니다.

16명의 시 · 도지사와 230명의 시장 · 군수 · 구청장이 같이 운영해야 합니다.

247명의 대통령이 공동으로 운영하는 나라로 바뀌어야 합니다.

대통령 한 명 바뀌었을 뿐인데 우리가 겪고 있는 이 국가적 혼란과 갈등은 무엇입니까. 이 엄청난 혼란과 비효율을 통제할 수 있어야 합니다. 분권의 역량이 있을 때 균형발전을 일관되게 밀고 나갈 정치적 힘이 모아질 수 있습니다. 2010년은 그 247명의 대통령이 우리 역사에 등장한 첫 해로 기록될 것입니다.

지방분권 투쟁은 서울 일극중심의 폐해를 극복하는 투쟁입니다.

지방분권 투쟁은 팔도강산, 전국 방방곡곡 골고루 잘사는 세상을 만들자는 투쟁입니다.

지방분권 투쟁은 지역연고에 입각한 중앙권력 쟁탈전-지역정치 구도를 깨뜨리는 투쟁입니다.

지방분권 투쟁은 21세기 더 좋은 민주주의를 향한 매우 중요한 첫걸음입니다.

이 첫걸음을 이제 출발하려 합니다.

독재자를 물리치고 자유와 인권을 쟁취한 대한민국 386세대가 마지막으로 온 역량을 모아서 실천해 냅시다. 우리를 가르치고 키워주신 부모세대에게 우리가 응당히 해야 할 의무입니다.

고향으로!

지방으로!

3권분립과 지방분권의 더 좋은 민주주의를 향해!

노무현 대통령님과 '지방자치실무연구소'를 하면서 같이 고민했던 일들을 정리하면서 '우리가 어디에서 출발'했고, '우리는 무엇을 고민'했으며, '우리는 어떤 것을 성취'했는가, 또 '우리는 어디로 가야' 하는가를 정리해 보았습니다.

'분권과 자치'를 치열하게 고민하고, 대통령이 되어서 국가균형발전 정책이라는 좋은 정책을 흔들림 없이 밀고 나가신 노무현 대통령님께 삼가 이 책을 올립니다.

없는 시간에도 책을 내는 데 도움을 주신 안영배 선배님, 김수현, 김만종, 노마아빠께 감사의 말씀 전합니다.

2010년 2월

충남, 바다가 보이는 대천에서

안 희 정

나남신서 • 1449

247명의 대통령

차 례

(2) 내가 그에게 빠진 이유

분권과 균형을 위한 여정

1부

왜 지방자치인가?

민주정부 10년 동안 우리는 많은 역사적 진보를 이루었다. 김대중 대통령의 당선은 실질적 민주화의 진전이었고, 군부 독재세력의 정치권 퇴출을 의미했다. 노무현 대통령의 당선으로 특권이 없어지고 법치가 이루어지는 나라, 원칙과 상식이 지배하는 사회를 향한 꿈을 꿀 수 있게 되었다.

그렇게 진보하는 줄 알았던 우리의 역사가 지금 퇴보하고 있다. 권력은 다시 중앙으로 집중되고 대통령 권력이 모든 것을 판단하고 결정하는 독재시대의 망령이 되살아나고 있다. 가진 자와 기득권을 위한 특권이 판을 치고, 심지어 개그맨들은 "재벌만 사면받는 더러운 나라!"를 패러디하는 세상으로 돌아왔다.

그리고, 세종시가 무너지고 있다.

국가의 균형발전을 위해 정든 고향마을을 떠나야 했던 원주민들의 눈물이 아직도 마르지 않은 그 땅이 무너지고 있다. 이명박 대통령은 국민과의 약속을 깨고 온갖 술수와 방법을 동원하여 국민을 기만하고 있다. 진실이 사라진 자리에 거짓의 바벨탑이 거대한 몸체를 드러내며 국민을 현혹하고 있다.

세종시는 단순한 신도시가 아니다. 일부 정부부처의 이전으로만 말할 수 있는 곳도 아니다. 참여정부 시절, 모두가 잘사는 나라를 만들기 위한 고민과 국민적 합의가 농축된 국가균형발전의 상징이다. 수도권 집중으로 인한 비효율과 끊임없이 확대되는 양극화의 고리를 끊고 새로운 희망 대한민국을 향한 초석이 놓인 곳이 세종시이다. 이런 세종시의 백지화는 국가의 미래보다 수도권의 이기심만을 추구하는 이명박 정부의 폭력성이 그대로 표출된 것이다.

국가의 미래를 위해 균형발전의 가치는 지켜져야 한다. 국민과의 약속도 소중하게 지켜져야 한다. 세종시를 지켜내는 것이 우리의 소중한 미래가치를 지키는 것이다.

국가가 서민들의 삶에 고루 좋은 영향을 끼치도록 변화시켜야 한다. 그럴 수 있는 힘은 지방분권을 통해 나온다. 여의도의 좁은 민주화투쟁으로는 불가능하다. 지방이 스스로의 권리를 주장하고 쟁취하는 새로운 정치 패러다임이 필요하다. 교묘하게 민주주의로 색칠한 중앙집중 세력에 대항하여 지방이 권력을 분점하는, 그로 인해 모두가 더불어 살아가는 한 단계 도약한 자치분권 시대의 민주주의를 만들어야 한다.

지방의회 의원 선출 20년, 지방자치단체장 선출 15년을 맞이하고 있다. 그리고 노무현 대통령께서 지방자치실무연구소를 만들고 균형발전의 화두를 꺼낸 지 17년이 되었다. 앞으로만 전진할 줄 알았던 우리의 민주주의가, 우리 시대의 균형발전정책이 뒤로 가고 있다. 더 이상 거꾸로 가서는 안 된다. 이제 다시 민주주의와 균형발전을 위해 나아가야 한다.

1991년, 지방자치 부활의 의미를 돌아보다

실로 30년 만의 부활이었다. 1961년 5·16 쿠데타로 시행 몇 해 만에 막을 내렸던 우리 지방자치제는 1991년도에 이르러서야 기초의회와 광역의회 선거에 일단 합의하는 것으로 부활했다. 일반적 의미에서도 그렇지만 특히 한국 민주화운동 과정에서 지방자치라고 하는 것은, 그 자체로 상당한 사회진보의 의미를 갖는 일이었다.

상황적 배경으로만 볼 때 이것은 당시 평민당을 이끌었던 김대중 총재 등 야당의 강력한 요구와 투쟁의 산물인바, 정치권 내 위로부터의 개혁이라는 성격을 갖는 일이다. 그러나 본질적으로 그것이 80년대 민주화운동의 중요한 성과였다는 점은 누구도 부정할 수 없는 사실이다. 주권자들 스스로의 힘과 투쟁으로 되찾은 성과이기에 이후 그 어떤 세력도 감히 지방자치제도 자체를 부정하거나 무력화하려는 시도는 가능할 수 없었던 것이다.

30여 년을 숨죽여 기다리던 '풀뿌리 민주주의'의 부활에 거는 기대는 컸다. 국민이 더 이상 통치의 대상이 아닌 정치의 주체로서 등장하게 된다는 의미에서, 명실상부한 권력의 주인으로서 광범위한 참여가 보상된다는 의미에서, 또한 그러한 참여의 과정을 통한 보다 성숙한 시민사회와 민주주의의 전진으로서 이 30년 만에 부활된 지방자치 선거의 의미는 각별할 수밖에 없었던 것이다.

물론 당시는 충분히 성숙되지 못한 사회적 조건과 민주주의 역량의 한계상 당장 국민들이 일상적으로 체감할 수 있을 정도의 변화에 이르지는 못했다. 그러나 어쨌든 그것으로 '포문을 연' 것이다. 일단 문을 열었다는 사실 자체는 닫혀 있던 상황에 비춘다면 전혀 차원이 다른 질적 변화이자 발전임에 틀림없다.

조금 더 20여 년 전의 기억을 떠올려 보자. 1991년…, 이전과는 다른 아주 낯선 개념들이 온 사회를 떠돌기 시작했다. '풀뿌리 민주주의', '시민의 정치학교', '대의제 민주주의의 극복', '직접 민주주의의 강화'라는 지방자치제도의 근본적 개념들이 사람들에게 회자(膾炙) 되기 시작했다. 이런저런 포럼과 크고 작은 토론회가 열리고, 신문과 방송을 통해 사람들은 '풀뿌리 민주주의'라는, 듣기에도 싱그러운 단어를 자주 접하기 시작했다.

역사의 새로운 기회를 연 것이다. 한국 민주주의의 무덤, 5·16 쿠데타로부터, 1991년 다시 부활한 지방자치를 통해 우리 사회가 한 단계 전진의 계기를 마련한 것만은 확실하다. 강력한 대통령 중심의 제왕적 통치체제가 몰고 온 만연한 부패를 청산하기 위하여, 관권과 금권에 의한 국가폭력에 대항할 민주주의 근거지로서 지방자치는 기대를 모았다. 이전과는 다른, 전혀 새로운 무대의 개막이요, 민주주의의 일보전진이었다.

그러면 지방자치 시대를 개막하는 이 역사적 시점에 이르러 한국 민주주의가 들고 있던 화두는 무엇이었을까? 솔직히 1991년 지방자치의 출발은 어떠한 민주주의를 할 것인가 하는 고급스런 수준으로까지는 갈 수 없는 수준이었다. 당시의 과제는 '평화로운 정권교체의 가능성 열기'였다. 지금 보면 격세지감마저 느껴질 만큼, 지나치게 소박해 보이는 꿈이 아닐 수 없다. 하지만 당시는 여전히 국가권력에 의한 선거부정이 민주주의의 가장 큰 걸림돌이던 시절이다.

부정선거의 추억

기억을 더듬어 보자. 1987년의 구로구청, 또 그 이전의 1960년 4·19 혁명이 정말 그러했다. 이 두 가지 모두 권력교체기에 정권에 의해 저질러진 부정선거에 대한 국민적 항거였다는 점에서 공통점을 갖는다. 결국 자유당 정권 때도 군부독재 시절에도 우리는 똑같은 노래를 부른 셈이다. '못 살겠다, 갈아보자!' 아버지 세대와 아들 세대가 대를 이어가며 부르던 민주주의의 노래 주제는 바로 그런 것이었다. 참으로 기나긴 독재의 역사였다.

대통령 선거 시기는 민주주의에 대한 국민의 열망이 분출되는 시기이다. 매번 반복되는 민주진영의 패배는 당연한 운명이었다. 1971년에도, 1987년에도 좌절될 수밖에 없었던 결정적 이유가 있었다면, 바로 권력에 의해 자행된 선거부정 때문이었다. 고무신과 막걸리가 도는 관권, 금권 선거는 사실상 우리 사회의 의례적 풍습인 양 공공연하게, 또한 교묘하게 벌어지곤 했다. 그걸 막지 못하는 한 야당의 집권기회는 절대적으로 요원한 일이었다. 어떤 민의도, 어떠한 민주주의적 요구도 현실적 힘을 발휘할 수가 없었던 것이다.

우리 세대의 기억 속에는 1987년 구로구청의 추억이 아직도 생생하게 남아 있다. 따지고 보면 그리 오래된 얘기도 아니다. 칼바람 몰아치는 구로구청에서 부정투표의 상징인 투표함을 부여잡고 버티던 몸부림은 대한민국의 민주주의를 지켜 내고자 했던 절박한 요구였으며, 우리 민주주의의 수준이 고작 그 지점에 묶여 있음을 말해주는 사건이었다.

구로구청은 결국 진압되었다. 농성하던 시민, 학생 1,034명 전원이 연행되고, 208명이 구속되었다. 이 싸움을 성공적으로 진압한 직후, 우리 사회에는 전두환의 뒤를 이어 군복 벗은 대통령 한 사람이 또 탄생했다. 보통사람의 시대를 열겠다며 나서던 '이 사람, 노태우…'다.

관권에 의한 부정선거는 제3세계 모든 곳에서 벌어지는 패턴화된 현상이기도 했다. 후진정치의 대표적 상징이라는 얘기다. 민주주의 국가라면 기본적으로 지켜져야 할 최소한의 룰조차 기대할 수 없을 정도의 후진적 정치문화를 단적으로 보여주는 증표들이다. 제3세계 민주주의의 공통적 특징은 국가조직의 불공정성이다. 모든 제3세계 독재정권들은 형식뿐인 선거를 통해 부패한 정권을 끝없이 연장해 왔다.

과거 우리 역사상 '선거결과를 인정합니다'라고 말하는 야당 지도자들이 있었던가. 선거 한 번 끝나면 어김없이 '이번 선거는 관권과 금권으로 얼룩진, 역대 어떤 선거보다도 타락한 선거운동이었습니다. 나는 여기에 대해 동의할 수 없습니다'라는 소리가 터져 나왔다. 대통령 선거가 끝날 때마다 익숙하게 벌어지던 불복운동이다. 제3세계 국가들의 야당 지도자들이 유독 쿨 하지 못해서가 절대 아니다. 명백한 선거부정으로 민주주의도, 정권교체도 원천봉쇄당하는 현실의 방영일 뿐이다.

1991년, 30년 만에 부활한 우리의 지방자치제도에서 어떻게 하면 국가조직이 대통령 선거와 권력투쟁에서 중립을 지키게 할 것이냐가 핵심적 사안이었던 건 어찌 보면 당연한 얘기다. 국가권력의 분권과 분산을 통한 견제와 균형의 구조를 만들어 보자는 것이 1991년 지방자치선거-지방자치제도 30년 만의 부활에서 가장 큰 키포인트였던 것이다.

그리고 이제 다시 2010년의 대한민국. 짧지 않은 세월을 달려왔다. 간단치 않은 역사의 강물을 헤치며 달려온 지금, 우리의 지방자치는 어느 수준까지 도달해 있는가를 다시 묻는다. 최소한 고무신과 막걸리를 돌리고 대로에서 버젓이 돈 봉투 찔러 넣어 주는 식의 선거는 더 이상 가능하지 않은 세상이 되었다. 확실히 지난 20여 년 동안 진화되어 온 우리나라 지방자치는 제도적 틀의 완성과 경험의 축적 면에서, 본격적인 지방자치 시대를 시작할 준비를 갖췄다고 할 만큼은 되었다. 그러나 '행복도시' 계획을 무효화하고 나선 이명박 정부 덕분에 우리 사회는 다시금 '중앙집권이냐, 지방분권이냐' 하는 국가정책 패러다임상의 중대한, 그러나 아주 오래된 선택 앞에 서게 되었다.

20여 년 전부터 시작된 지방분권의 과제, 국가균형발전의 과제는 지금 얼마만큼, 어떻게 달라져 있는 것일까? 지방자치가 우리 사회의 진보를 열어 가는 고리라는 점에 동의한다면, 적어도 이명박 정권이 들어선 최근 몇 년간 이 나라 역사의 수레바퀴는 확실히 후퇴하고 있다고 말할 수 있다.

혁신과 효율성? 문제는 지방분권이다!

1991년 — 30년 만의 지방자치 부활은 관권선거를 막아 내자는 의미에서만 출발한 것은 아니다. 당시 세계사적 흐름이 지방자치의 중요성을 새롭게 제기하고 있었다. 1990년, 동서냉전의 종식과 동구권의 붕괴가 전 세계적인 지방화 논의를 불러일으켰다.

1992년에 집권한 클린턴 정부의 앨 고어가 써낸 《정부혁신의 길》이라는 책이 있었다. 미국에서 출판되자마자 삼성경제연구소가 거의 동시에 이 책을 번역해서 냈는데, 그 핵심은 동서냉전을 통해서 비대해진 권력, 중앙집중화된 국가권력을 어떻게 하면 혁신할 수 있느냐 하는 문제였다.

동서냉전을 치르는 동안 국가권력과 국가규모가 커졌고, 체제경쟁적으로 진행된 복지전쟁의 와중에 비대해진 국가권력을 어떻게 혁신할 것이냐가 모든 나라의 시대적 과제로 대두되고 있었던 것이다. 비대해진 중앙정부의 개혁을 위해 1990년대부터 나오기 시작한 것이 지방화론이다. 즉 비대해진 국가조직의 폐해를 극복하기 위해, 지방화론은 동구권 몰락과 맞물리면서 더욱 활발하게 개진되기 시작한 것이다.

전 세계적 흐름이 되어버린 지방화의 바람이 한국에도 불어 닥쳤다. 앞서도 말했듯 이 시기 우리 사회는 대통령 선거에서의 부정선거, 관권선거를 극복해야만 정권교체가 가능한 나라였다. 민주주의적 요구가 폭발했던 80년대를 지난 직후의 상황에서 때마침 불어온 전 세계적 지방화 바람은, 지방자치제 도입을 통한 평화적 정권교체 실현이라는 김대중 총재의 신념에 더욱 불을 댕기게 되었다. 1971년 대선에서 박정희 대통령에게 질 때도, 민의가 그대로만 반영될 수 있었다면 야권의 정권교체는 충분히 가능했다는 것이 당시 김대중 총재의 확신이었다.

그때 한편에서는 물론 '어떤 지방자치냐, 어떤 지방자치여야 하느냐?' 하는 논의도 활발하게 진행되었다. 지방자치는 존 스튜어트 밀(John Stuart Mill)이 얘기했던 지방자치의 원론적 개념인 풀뿌리 민주주의, 직접 민주주의 정신이 구현되는 시민의 정치학교, 대의제 민주주의의 폐단을 극복하는 대안으로서 각광을 받았었다. 결국 지방자치의 본질은 '자치와 분권을 통한 민주주의의 신장', '더 많은 민주주의'다.

하지만 1991년 이후 우리의 지방자치는 엉뚱하게도 생산성과 효율성 담론으로 확 빠져 버리고 말았다. 진보적 민주주의자들조차 우리가 시작하려는 지방자치가 더 좋은 민주주의를 향한 대안의 민주주의냐 아니면 생산성·효율성이라는 정부혁신의 한 방편일 뿐이냐…에 대해 혼란을 겪었던 것이 사실이다. 노무현 대통령과 우리가 함께 만든 지방자치실무연구소 역시 크게 다르지는 못했다. '풀뿌리 자치와 분권', '좋은 제도로서의 지방자치'라는 식의 얘기를 한편으로 하면서, 다른 한편으로는 지방자치를 정부혁신을 위한 방편으로 이해했다. 요즘 신자유주의 논쟁이 보여주는 문제와 비슷한 양상을 보였던 것이다.

예를 들어 관료주의와 독재정권의 문제가 뭐냐고 물으면 '비효율적이고 비생산적이기 때문'이라고 답하는 식이다. 그러니 그러한 문제의식으로부터, 답은 자연히 '효율적으로, 생산적으로 바꾸자'는 것으로 이어지는 것이다. 이것이 바로 생산성 논쟁이다. 1991년 우리가 받아들인 지방자치는 '생산성, 효율성, 행정의 경영 마인드'라는, 다소 본질에서 빗나간 지방자치였던 것이다.

지금 와서 생각하면 그때 삼성경제연구소한테 우리가 좀 당한 측면이 있는 것 같다. 담론시장에서 우리가 주도권을 빼앗긴 것이다. 오히려 이때 우리는 '직접 민주주의 정신', '자치역량', '분권' 등의 본질적 문제에 좀더 집중했어야 했다. 지방의 재정자립도라든지 국가사무의 지방이전이라든지, 지방의 권한, 주민의 자치역량 등에 대해 조금 더 틀을 갖추도록 하는 것이 필요했던 시기다. 지방정부의 자율적 기능을 실질적으로 강화하는 제도를 만드는 데 집중했어야 했다는 것이다.

하지만 당시에는 어떻게 하면 대통령 권력을 좀 견제해서 평화적 정권교체가 가능토록 하게 할 것인가에 치우칠 수밖에 없었다. 거기다가 어떻게 하면 관존민비의 관료주도의 국가, 독재국가의 폐해를 극복할 것이냐에만 초점을 맞추다 보니 생산성, 서비스, 경영 마인드, 효율 등의 개념으로 지방자치를 바라보게 되었던 측면이 있다. 약간 번지수가 달라진 채로 지방자치를 출발했던 것이다.

더 많은 정치를 여는 지방자치 무대

존 스튜어트 밀이 말했던 본래적 의미의 지방자치라고 하는 것은, 예를 들면 이런 것이다. 논산시에 다리를 하나 놓는다 치자. 이 다리 하나를 놓는 예산은 중앙정부의 입장에서 보면 건설교통부의 무슨 국장님, 어떤 과장님의 재량적 예산행위가 된다. 그리 복잡한 문제가 아니다. 그러나 이것이 지방자치 영역으로 오게 되면 문제가 달라진다. 이 다리를 논산 어디다 놓을 것이냐 하는 것 자체가 바로 정치적 쟁점이 된다.

바로 이 과정을 통해 더 많은 정치를 유도해 내고, 그 더 많은 정치는 더 많은 사람의 참여의 공간을 열어놓고, 더 많은 주권자들의 의사가 반영되는 정치구조를 열어놓게 되는 것이 된다. 다시 말해 행정의 결정을 정치의 결정으로 전환시켜 내는 구조가 지방자치인 것이다.

지방자치가 민주주의를 신장시키는 진보적 제도라고 말할 수 있는 이유가 바로 여기에 있다. 이것이야말로 우리가 지방자치를 얘기할 때 핵심적 철학을 이루는 골간이다. 지방자치가 확장해 놓은 공간을 통해 사람들은 더욱 세밀하고 다양한 정책을 토론하게 되고, 예산의 우선순위 배분에 대한 토론도 하게 된다. 중앙집중화된 국가권력 하에서는 과장이나 실무자의 도장 하나로 끝낼 일이 지방자치가 되면 지역주민들의 광범한 토론주제가 되고 투표의 기준이 되는 것이다.

이런 의미에서 지방자치가 민주주의의 뿌리인 것이며, 직접 민주주의 정신을 구현하는 제도라고 할 수 있는 것이다. 이것이 지방자치의 핵심이며 그것이 더 많은, 더 좋은 민주주의를 향한 지방자치 운동의 진수가 되어야 한다.

하지만 우리는 앨 고어의 《정부혁신의 길》을 손에 들고 지방정부가 어떻게 하면 효율적으로 일할 수 있을 것인가, 어떻게 하면 투입 대비 아웃풋이 왕창 늘어나는 그러한 경영합리화를 할 수 있을까를 고민하기에 급급했다. 동서냉전을 통해서 비대해진 국가 관료체제를 어떻게 하면 혁신할 것이냐 하는 앨 고어와 클린턴, 미국 진보주의자들의 고민과 담론을 삼성이 그대로 받아들여다 퍼뜨리면서, 결과적으로 기껏 열어 놓은 지방자치 무대가 정당한 국가의 역할마저 축소시키면서 기업과 시장의 논리가 판을 치게 만드는 계기가 되었던 것이다.

노무현 대통령의 책 《진보의 미래》에도 그러한 문제제기가 나온다. 즉 IMF 때 우리가 경영성과, 정리해고의 유연화 같은 것을 너무 쉽게 받아들인 것은 아닌가 하는 것이 대통령의 뼈아픈 성찰이다. 하지만 더 거슬러 올라가서, 나는 1991년도, 1992년도에 지방자치를 도입할 때 삼성경제연구소가 클린턴 정부의 《정부혁신의 길》이라는 책을 통해 사회여론을 주도했던 그 효율성 담론에 우리 진보주의자들이 제대로 대응하지 못했던 것부터가 문제였다고 생각한다.

물론 국가 관료조직이란 게 비효율적인 구조가 있는 것도 사실이고, 우리가 해결해야 할 중요한 과제 중 하나라는 사실 또한 분명하다. 그러나 과연 관료조직을 효율성 담론으로만 놓고 볼 수 있는 것이냐 하는 것도 따져볼 문제이다. 그런 점에서 볼 때 관료국가 체제에 대한 논쟁을 하려면 그때 정말 확실하게 했어야 했다. 문제의 근본원인에 대한 본질적 규명과 해결방안에 대하여, 그리고 어떠한 대안을 향해 갈 것인지에 대한 실천적 상상이 필요했다.

어쨌든 우리는 관료와 국가와 정부의 역할에 대해서 정확하게 얘기하지 않은 채 시장의 실패, 정부의 실패를 얘기하면서 이것을 모두 극복하는 새로운 경영 마인드로서의 행정혁신만 강조했다. 이 행정혁신의 핵심으로서 효율성과 생산성의 논리에 우리 모두가 매몰된 것이다.

지방자치실무연구소는 이 부분을 미처 구분하지 못했다. 당시 연구원으로 있었던 나 역시 마찬가지였다. 우리 연구진들은 30년 만에 부활된 지방자치의 정신을 널리 전파하자 해서 곳곳에서 연설도 하고 토론회도 개최했는데, 얘기를 하다 보면 이 두 가지가 항상 동시에 얘기되었던 것 같다.

1990년 초반에 지방자치제도를 사람들한테 이해시키고 지방자치제도를 뿌리내리게 하는 데서 지방자치실무연구소가 잡았던 화두는 이런 것들이었다. 우선 지방자치제도는 무엇인지, 또 지방재정이란 무엇인지, 지방에서의 행정혁신 사례는 어떤 것들이 있는지, 자치단체는 어떤 역할을 해야 하는지, 지방의회는 어떤 역할을 해야 하는지 하는 문제들이 그것이다.

특히 지방에서의 행정혁신 사례들을 그 당시 우리가 많이 소개했는데, 그중 하나가 ICMA라고 하는 도시경영자협회였다. 이 도시경영자협회에서 행정을 어떻게 혁신하는가에 대한 많은 사례들을 개발해서 보급했다. 그중 효율성 측면에서 제시한 아주 극단적인 사례 가운데 이런 게 있었다.

대처(Margaret Hilda Thatcher) 정부 시절, 영국 런던의 청소국을

아예 없애 버리고 그걸 외주를 줘버린 일이 있다. 기존의 청소국 직원들을 죄다 아웃시키고 청소국도 공사를 하나 만들게 한 다음 런던 시내 청소용역을 놓고 국제 청소용역 대행업체들과 함께 입찰에 참가시켰다. 그 결과 미국의 한 청소업체가 런던 시내 청소용역을 따냈는데, 이렇게 함으로써 청소국 예산이 엄청 줄었다는 얘기였다. 이렇게 훨씬 다운된 예산으로도 그 미국 청소업체가 영국 런던의 청소를 다 해치우더라는 얘기. 그러니 그동안 국가조직이 얼마나 비효율적이었던 것인가 하는 얘기를 했던 기억이 난다.

또 하나 기억에 남는 얘기가, 일본에서 우정국 조직을 혁신했던 사례이다. 한 도시의 우정국 직원들에게 무의탁 노인들에 대한 일일 체크 업무를 시킨 이야기다. 일종의 사회복지사 역할을 우정국 직원들한테 같이 겸임시킨 것인데, 우정국 직원이 사회복지 업무를 병행함으로써 실질적으로 어떻게 노인복지를 향상시켰는가에 대한 일본의 성공사례였다.

1991년, 30년 만에 부활된 우리의 지방자치는 대부분이 '비효율적인 관료조직의 개혁'이라는 코드에 맞춰져 있었다. 여전히 귀감이 될 만한 구석이 있는 이야기임에 틀림이 없지만, 그것이 지방자치의 전부인 양 얘기된 것은 분명 번지수가 틀린 것이다. 복지병에 빠졌다는 서구유럽의 정부혁신과 복지국가의 '복' 자도 출발하지 못한 대한민국의 정부혁신은 전혀 다른 개혁과제를 안고 있었으니 말이다.

1991년 지방자치의 부활은 평화적 정권교체를 위한 관권선거 차단을 위해 도입되었다. 그리고 열린 모기장 사이로 모기 들어오듯이 '생산성, 효율성, 정당한 국가규제의 부정'이라는 유행어가 퍼져 나가기 시작했다.

노무현과 함께한 새로운 시대의 꿈

1. 지방자치실무연구소 시절

시대로부터의 권유

당시 우리가 풀뿌리 민주주의, 주민의 참여와 자율, 분권역량 강화, 국가 위임 사무의 재조정 그리고 지방재정의 자립도 같은 문제들에 좀더 집중하지 못했던 것은 지금 생각해도 참으로 아쉬운 대목이다. 지방자치를 논하면서 '분권'이라는 문제에까지 더 들어가기에는 역부족이었던 것이 사실이다.

이후에 이 분권문제를 조금 더 구체화하고 강화하기 위해 노무현 대통령의 균형발전 전략이 나왔다. 이전 시기의 지방자치 전략에 대한 평가와 문제의식으로부터 나온 것이다. 결국 이 자치의 문제를 풀고자 한다면 재정자립도나 분권문제가 선결되어야 되는데, 참여정부 초반의 균형발전 전략과 관련한 그 모든 논의가 사실은 이때의 고민들을 반영한 것이라 볼 수 있다.

1995년도에 민선 단체장 도입을 촉구했는데, 그때 우리가 많이 들었던 통계 중 하나가 임명직 시장 군수의 평균임기였다. 지방자치 하기 전 그들은 고작 평균 10개월에서 16개월 사이의 임기를 채우고 있었다. 그러니까 10개월 내지 16개월만 지나면 대부분의 시장, 군수는 다음 이임지로 떠나는 상황이었던 것이다. 책임행정이라는 것이 사실상 불가능한 현실이었다.

또 민선 자치단체장 얘기가 나오게 된 계기와도 맥락이 닿는 것이 민영화 논의다. 《사다리 걷어차기》를 썼던 장하준 교수의 책에도 정확하게 나오지만, 민영화 논리가 진보주의적 개혁세력의 깃발이 될 수밖에 없었던 한국사회의 '구조적 사정'이 분명 있었다.

군부와 관료세력이 결탁한 국가독재, 관료주의 국가체제에서 개혁과 민주주의를 얘기하는 많은 사람들은 관료주의, 권위주의 국가체제의 대안으로 민간의 자율을 강조할 수밖에 없었다. 문제는 민간의 자율이라는 대안이 시장만능주의로, 기업우월주의로 전락해 버렸다는 것에 있었다.

그때 좀더 우리가 깊이 있게 고민했더라면 국가와 정부의 공정한 역할에 대해서 방점을 찍어 주면서 이 문제를 풀었을 텐데, 그저 서비스를 해야 되고 경영의 효율성을 기해야 되고, 관료의 부패를 좀 막아야 하고, 이러려면 경쟁을 활성화해야 되고 민영화시켜야 한다는 식의 흐름으로 우리의 생각이 휩쓸려 버린 것이다.

어쨌든 바로 이것이 지방자치실무연구소가 서 있었던 시대적 배경이었다고 생각한다. 지방자치는 우리에게 중앙으로 집중된 권력의 분산을 위한 운동이었다. 그러나 1991년의 대한민국 지방자치는 대통령 권력투쟁에서의 '국가조직의 중립화'였다.

그러나 쟁점이 좀 빗나간 측면이 있다 할지라도 현실에서 작동되기 시작한 지방자치제도 자체의 의미는 결코 감소되지 않는다. 바로 반독재 민주화투쟁의 다음 단계로서 '더 좋은 민주주의', '더 많은 민주주의'라는 시대적 요구를 캐치한 것이 지방자치실무연구소의 설립 배경이다.

3년을 기다린 인연

지방자치실무연구소가 문을 연 것이 1993년 9월, 내가 연구소에 합류한 것은 1994년도 봄 무렵이다. 내가 들어가기 전까지는 사무국장 자리가 공석이었던 셈인데, 나를 끌어들이기까지 이광재 씨가 어지간히도 성화를 해댔다. 뜬금없이 전화가 걸려오는가 하면, 무작정 캔 맥주 한 박스를 사 들고 집까지 찾아와서는 긴긴 얘기 끝에 "우리 노 변호사랑 같이 일하자"는 거였다. 그러면서 "노 변호사가 너한테 전화할 건데, 일을 좀 같이 하자고 하면 네가 응해 주었으면 좋겠다"고….

일단 덤덤히 알았다고만 했다. 청문회 스타 노 변호사가 나한테 직접 전화도 한다는데 받아주지 뭐!

과연 곧바로 노 변호사의 전화가 걸려왔다. "희정 씨~!" 하는, 기분이 좋을 때 내시는 그분 특유의 억양과 함께였다. 지금도 귀에 생생한 그 음성은 내게 이렇게 맨 처음 말을 걸어왔다.

"나 노변인데요, 희정 씨가 나 좀 도와주면 좋겠어요. 우리 연구소에서 같이 일 좀 합시다~."

다음 날에는 이기명 회장의 전화도 받았다.

"지금 노무현 변호사 옆에 누가 있어. 희정 씨가 꼭 같이 와서 해줘야 해. 광재 혼자서 안 되는 거고, 와서 꼭 좀 같이 해줘."

그렇게 두 어른이 번갈아 전화를 하시는데… 마지못하는 척 따라

나섰지만, 사실 나야 속으로 감읍할 따름이었다. 지금 와서 하는 얘기지만, 나 역시 진작부터 노무현 대통령과 함께 일해보고 싶은 마음 간절했던 사람이다.

그와 함께 일할 기회는 이전에도 한 번 있었다. 1990년 3당합당 때의 일이다. YS의 3당합당을 거부하던 당시 통일민주당 소속 의원들의 비서진, 당직자들이 약 17명가량 되었다. 당시 꼬마 민주당에 잔류한 국회의원들로선 국회의원 보좌진을 하다가 하루아침에 실업자가 된 이 17명 청춘들에 대한 대책이 필요한 시점이었다. 그때의 의원들이 이기택, 홍사덕, 장석화, 노무현, 김정길, 이철, 장기욱 의원 등이다.

젊은 보좌진 중 노무현 의원실에 가고 싶어 하는 사람이 유독 많았다. 나를 비롯하여 적잖은 사람들이 그랬다. 그런데 배치를 하려고 보니, 노무현 의원실에는 이미 사람이 많았다. 가뜩이나 노무현 의원실은 4급에서부터 9급까지의 봉급을 몽땅 모아서 비서진들이 나눠 쓰고 있는 판이었다. 그때 내가 인원배치의 간사역을 맡고 있었으니, 도의상으로라도 모두 원하는 곳에 내가 먼저 가겠다고 할 수는 없었다.

결국 나는 당시 이철 사무총장 비서실로 가게 되었다. 이후 우여곡절 끝에 정치권을 나가 출판사를 하며 한 1년여 동안 뜸을 들인 다음 비로소 노무현 대통령과 함께 일할 기회를 얻은 것이다. 3년을 미뤄 이루어진 인연이다.

연구소에 처음 들어갈 때, 내가 특별히 어떤 역할을 갖고 들어간 건 아니었다. 아무도 나에게 사무국장을 하라고 시킨 것도 아닌데 어떻게 하다 보니까 이런저런 일들에 참견하면서 일을 돕는 역할이 되었다. 그러니 자연스럽게 사무국장 역할을 맡게 된 것 같다.

아닌 게 아니라, 당시의 연구소 살림살이는 정말 말이 아니었다. 어느 정도였냐면 그 북적거리는 연구원들 중 아내가 직업이 있는 사람은 40만 원, 아내가 직업이 없는 사람은 50만 원을 받는 식이었다. 정윤재 씨는 부인이 약사였고, 나의 아내는 학교 선생님이었다. 그때 이광재 씨는 결혼 안 한 총각이었고, 서갑원 씨도 총각이었다. 황이수 씨만 부인이 직업이 없어서 그때 50만 원을 받고 있었다.

지금 생각해 보니, 이게 참 기가 막히는 얘기다. 다들 월 50만 원씩을 받았다 쳐도 연봉이 6백만 원인데, 그 당시는 국회 보좌진들이 연봉이 6천만 원가량 되던 때다. 우리 연구원들 대다수가 국회에서 일하던 사람들이니 국회 보좌관 시절보다 무려 10분의 1로 준 봉급을 감내하며 일하길 자청한 사람들인 셈이다.

연구소에서 일하던 대부분의 연구원들은 모두 맘만 먹으면 의원회관의 보좌관으로 들어갈 수 있는 기회가 많던 사람들이다. 왜냐하면 경험도 많고 그쪽에서는 다들 일 잘한다고 소문난 사람들이었으니까. 그러니 노무현 대통령과 4년 일을 같이 한다는 것은, 기회비용으로만 치자면 연구소 연구원들 모두가 국회 보좌진 봉급을 포기한 — 2억 원 이상의 — 투자였던 셈이다. 농반 진반으로, 그때 내가 동료 연구원들한테 이렇게 말했던 기억이 난다.

"우리가 지금 돈 40만 원 받고 일하는 게 아니라 오히려 내가 볼 때는 2억 원씩 투자하고 일하고 있는 거야. 우리 모두는 지금 고용된 게 아니라고 생각한다. 인생이라는 자본을 투자하고 있는 거지…. 기왕 투자할 거면 확실하게 합시다."

3당합당을 보는 두 개의 시선

내가 1989년 12월에 결혼하고 신혼여행을 다녀오고 난 직후인 1990년 1월, 김영삼 씨가 덜컥 3당합당을 선언해 버렸다. 그때 당시 공화당, 통일민주당, 민정당에서 각각 5인씩 15인의 통합추진위원회가 있었는데, 김덕룡 의원이 그 멤버 중 하나였다.

내가 끝내 따라가지 않는다고 하니까 김덕룡 의원의 입장이 약간 곤란해졌다. 왜냐하면 언론에 '김덕룡 의원 비서관 등'이라고, 대표 잔류자로 내 이름이 거명돼 버렸기 때문이다. 그때 윤태영 씨도 안 따라가는 사람 중 하나였는데, 그런 그룹들을 묶어서 나는 합동 기자회견도 열며 3당합당 정국에 대한 나름의 정치활동을 전개하고 있었다. 합당에 대한 원칙적 반대와 분노였다.

김영삼 씨 입장에서 봤을 때 그때 3당합당을 결행하게 된 이유는 오로지 하나였다. 영, 호남, 충청으로 갈린 지역주의 정당구조에서 여·야를 뛰어넘어 영남의 대표주자로서 대선에 나가야만 이길 수 있다는 책략 때문이었다.

그는 1989년도 두 차례의 보궐선거에서 김대중 씨에게 모두 패했다. 1987년도 대선에서는 분명히 그가 김대중 씨보다 더 많은 표를 얻었는데, 1988년 총선을 해보니 자기가 3등이 돼버린 것이다. 이어서 1989년도 재보궐선거에서도 다시 3등이다.

그게 지역주의 정당의 위력이었다. 호남의 지역적 기반은 다 현찰이지만 영남지역에서의 지지는 엄청난 경쟁을 통해서 어쩌다가 한두 석 건지는 정도일 뿐이었다. 그의 입장에서는 도저히 그 상태, 그 구도로는 제아무리 야권공조로 간다 해도 안 되는 거였다. 대권의 꿈을 이룰 수가 없는 것이다. 이렇게 김영삼 씨가 당했던 것과 똑같은 고통을 실은 후에 노무현 대통령도 겪게 된다. 지역에서 30%를 득표하고도 의석 하나 건질 수 없는 상황이 벌어지는 것이다.

그러니 그 구도를 인위적으로라도 깨버릴 묘수가 절실히 필요했다. 경쟁이 안 되는 싸움을 계속하기보다는 김영삼 씨는 박철언의 3당합당 제안을 덥석 받아들인 것이다. 이것이 바로 그의 입장에서 본 3당합당의 필연이다. 김영삼 씨에게는 야권통합보다는 김대중과의 경쟁의식이 더 큰 과제였던 것이다.

그러나 '호랑이 잡으러 호랑이 굴에 들어간다'고 말했지만, 그렇다고 3당 야합이 정당한 것이 될 수는 없다. 거기에는 어떠한 대의도 없었다. 오직 자신의 정치적 입지에 불리한 구조를 깨기 위한 희대의 야합이었을 뿐이다.

그때 나는 김덕룡 의원한테 사직서를 제출하고 3당 야합을 규탄했다.

"김영삼 총재님이 야당의 지도자일 수 있었던 이유는 대중의 역사가 승리한다는 그 믿음을 갖고 어려운 야당을 이끌었기 때문입니다. 이제 당신들은 대중의 힘을 믿는 게 아니라 권력투쟁을 향한 당신들의 기술만 믿는 상황이 되어 버렸습니다. 따라서 당신들을 더 이상 민주화운동의 지도부라고 보기 어려워졌습니다. 더 이상 제가 함께 갈 이유가 없지 않습니까?"

이념이 무너져도 계속되는 민주주의 과제

지방자치실무연구소의 처음 출발목적이 무엇이었는지는 내가 증언하기 어렵다. 주로 이광재 씨와 노무현 대통령이 처음 입안을 했기 때문에 애초에 지방자치실무연구소의 출발이 어떠했는지 잘 알지 못한다. 그러나 연구소의 목적이 변화된 정치상황에 대한 성찰과 새로운 민주주의에 대한 준비라는 점에는 이론의 여지가 없다.

1990년까지 우리가 들고 있던 깃발은 반독재 민주화투쟁의 깃발이었다. 그런데 1992년, 김영삼 문민정부의 등장으로 반독재 민주화투쟁의 깃발은 더 이상 유효하지 않게 되었다. '군부독재 타도'는 철 지난 노래가 되어버린 것이다. 말로는 민중생존의 여전한 피폐와 독재권력의 본질이 달라지지 않았음을 얘기하며 중단 없는 투쟁을 설파하기도 했다. 하지만 그 투쟁이 이전과 같은 대중적 동력을 더 이상 기대하기 어려운 게 사실이었다.

이미 흐름상 많은 사람들이 푯대를 잃고 우왕좌왕하던 시절이었다. 특히 80년대 이념운동을 했던 사람들의 상황은 사뭇 심각했다. 전선이 사라져 버리니 할 일이 없어져 버린 듯 흩어져 돌아가는 모습이었다. 현역도 아직 마치지 못한 사람들이 어느새 재향군인이 되어 버린 듯한 느낌이었다. 반독재 민주주의 전선은 역사에서 사라질 것 같은 시대 분위기였다.

그런데 그 가운데 한 사람, 다르게 생각하는 사람이 있었다. 사라져 버린 줄 알았던 민주주의 투쟁의 전선, 그 먼지 걷힌 벌판에서, 홀로 여전한 발걸음을 뚜벅뚜벅 옮기는 한 사람을 나는 보았다. 그가 바로 노무현 대통령이다. 이념이 사라졌을 뿐, 전선은 그 자리에 남아 있음을 내게 보여준 유일한 사람이다.

전두환, 노태우가 권좌에서 사라졌어도 대한민국 민주주의의 문제는 여전히 남아 있었다. 그걸 누구도 부정하지는 않았다. 그러나 시대가 달라졌다 해도 제도로서의 민주주의를 어떻게 발전시킬 것이냐 하는 측면에서, 현실적인 삶의 과정에서의 민주주의를 어떻게 실현해야 할 것인가의 문제를 계속 놓지 않고 가고자 하는 사람이 그리 많지 않다는 것은 무엇을 의미하는지? 그것을 외면한 채 세상 다 끝난 듯 늙은 군인의 노래나 부르며 퇴각하는 자들에게 있었던 이념은 어쩌면 과학적 사회변혁의 이론이기는커녕, 그저 한 시대의 유행병 같은 관념의 일종이었을지도 모를 일이다.

그동안 추구하던 푸르디푸른 이상을 아직 다 이루지 못한 상황에서 퇴각을 결행하는 흐름들에 대해 나는 적지 않은 회의를 느끼던 중이었다. 적어도 변화된 시대를 해석하기는커녕 냉소하며 뿔뿔이 흩어지던 일단의 사람들에게서 느껴지던 절망의 기운이, 노무현 대통령에게는 없었다.

당시 노무현 대통령은 1992년 총선에서 떨어지고 김대중 후보가 은퇴한 민주당에 남아 1993년도 전당대회를 통해 부총재가 된 상황이었다. 원외 의원으로서 부총재가 된 그는 여느 정치인처럼 계보 사무실 내고 자기 사람들 끌어 모으는 식으로는 활동하지 않았다. 당시는 대부분의 중진의원들이 각자 사랑방 하나씩 만들어 놓고 정치하던 시절이었다. 그러나 노무현은 차나 마시고 바둑이나 두며 담소 나누는 사랑방이 아닌, 정치적 과제와 가치를 좀더 분명히 한 활동을 통해 부총재로서의 활동기반을 만들고자 했다.

마침 그는 1991년도에 출범하는 지방자치제도에 대해서, 자치와 분권이라고 하는 것에 대해 상당한 의미를 두고 있었다. 야당 부총재로서의 활동의 필요성과 1991년 지방자치의 부활, 그리고 반독재 민주전선의 붕괴라는 현실 속에서, 그는 한국 민주주의의 과제를 자치와 분권의 개념으로 새롭게 설정하며 지방자치에 주목하게 된 것이다.

그는 전선이 사라졌다느니, 주요 공격방향이 모호하다느니 하며 방황할 필요가 전혀 없는 사람이었다. 이것은 정치무대에 등장한 그의 존재적 특성이자 본래 타고난 성향이었다고 나는 생각한다.

'실무'로 말하는 지방자치

이명박 대통령이 실용을 강조한다. 하지만 내가 볼 때 이명박 대통령의 실용은 '사장님 맘대로!'일 뿐이다. 규칙을 깔아뭉개는 실용이 바로 이명박식 실용노선이다. 나는 노무현 대통령이야말로 대표적인 실용주의자의 면모를 가진 분이었다고 생각한다. 이론가적 모습으로도 웬만한 학자 못지않은 탁월함을 보여준 바 있지만, 그는 평소 거창하기만 한 거대담론을 놓고 사람들이 이합집산하는 것에 대해 그다지 긍정적으로 생각하지 않는 편이었다. 특히 운동권 출신 정치인들의 그런 습성에 대해서는 대단히 마땅찮게 여겼다.

참여정부 시절, 이병완 실장님과 함께 '참여정부 포럼'을 만들어서 활동해 보겠다고 말씀드리러 갔을 때도 그랬다. 왜 그런 걸 만들고 싶은지, 대략 어떤 방향으로 일을 해 나갈 것인지를 설명하는데, 가만히 듣고 계시던 그분은 딱 하나만 제안을 하고 싶다고 하셨다.

"거기다 '평가' 자 하나만 넣으면 안 될까?" 하시는 것이다. 포괄적이고 두루뭉술한 참여정부 이야기 말고, 그 포럼을 통해 정확히 무엇을 할 것인가를 분명히 하는 것이 필요하지 않겠느냐는 지적이었던 셈이다.

지방자치실무연구소의 경우도 마찬가지였다.

"그냥 지방자치연구소야 지금도 많지 않나요? 그 많은 연구소 중의 하나여서는 경쟁력이 안 생기지요. 우리가 무슨 석·박사들의 연구소는 아니니까…. 그런데 보세요. 여러분들도 다 국회의 유능한 보좌관이었고, 국회에서의 행정 경험과 국정감사 경험이 있는 사람들입니다. 그러면 그런 경험을 갖춘 여러분들이 지방의회의 행정감사나 지방의회제도를 실질적으로 도와준다고 했을 때 우리의 경쟁력이 살아나지 않겠습니까?"

그래서 그는 지방자치실무연구소라고, 꼭 '실무' 자를 넣자고 말씀하셨다. 지방의회를 실질적으로 서포트하고 지방의회 정치인들을 도와주는 것으로 자기역할을 정확히 할 때 연구소가 더 많은 일을 할 수 있지 않겠냐는 얘기다. 그리고 그 말씀은 정확하게 맞아떨어졌다.

우리 연구소에서 서울시 의회의 행정감사 및 예결산을 맡아 처리했다. 지방자치 원년이다 보니 지방의원들이 어떻게 서울시의 예산을 심사하고 행정감사를 어떻게 할 것인지에 대해서 잘 알지를 못했다. 그러니 우리가 갖고 있던 국정감사나 국회의 예결산 노하우는 매우 값진 것이었다.

그렇게 우리는 '실무로 말하는 연구소'였다. 실무라는 말에 걸맞게 지방의회 의원들을 실질적으로 보좌하고 지원하는 그런 역할로 연구소는 아주 정확하고 분명하게 자기 타깃을 정해 놓고 시작했던 것이다. 지방자치의 현장에서 벌어지는 실질적 요구에 정확하게 부응하고 성과를 내도록 지원하는 방식이었다.

당시 우리 지방자치실무연구소의 활동은 그 영역에 관한 한 가히 독보적이라 할 만한 것이었다. 정치권 내에서 우리와 경쟁될 만한 비슷한 조직은 거의 없었다. 그래서 이 지방자치연구소를 한 2년 하고 나니 우리 연구원들이 모두 지방자치 전문가로 대접받는 상황에까지 이르렀다.

1995년 선거를 앞두고 나서는 CBS나 기타 방송매체에 전문 연구원으로 불려가서 인터뷰하는 일이 빈번했다. 명실상부한, 또 당시의 대표적인 지방자치 전문가로서 인정받은 것이다.

386, 한국정치의 콘텐츠를 바꾸다

돌아가신 노무현 대통령이 《진보의 미래》를 통해 '진보'라는 화두를 던지시는 것을 보면서, 나는 우리 정치의 확실한 '진보'를 실감했다. 그저 야당이라는 개념 하나로 모든 민주주의의 가치를 대변했던 시절에 비한다면 그 자체가 엄청난 발전이다.

그렇다. 지금은 진보주의를 말하는 시대다. 우리 민주주의가 '여당, 야당'에서 '진보, 보수'로 바뀌기까지, 근 20여 년의 세월이 흘렀다. 이 변화의 실체가 무엇인지를 묻는다면, 나는 '정치 콘텐츠의 변화'와 '정책적 내용을 가진 정당정치의 시작'을 들고 싶다.

1988년 13대 국회는 우리 의회사에서 각별한 의미를 지닐 것이다. 13대 국회의 큰 특징 중 하나는 운동권 출신의 젊은 스태프들이 들어오기 시작했다는 점이다. 당시 여소야대라는 국면이 주는 영향도 물론 있었겠지만, 바로 이때부터 국회는 명실상부한 입법부로서의 정부 견제, 감시, 감사의 기능이 강화되기 시작했다.

사실상 그 이전까지 우리의 정치는 여야로 갈라선 정당 정치인들의 선명성 경쟁이었지 정책 경쟁의 장은 아니었다. 13대 국회 이전에는 정치를 하려고 하는 사람들에게 정책이라는 것은 그렇게 큰 비중의 일이 아니었다. 김대중·김영삼 총재님을 열심히 돕고, 독재정권에 대항해서 용감하게 싸우는 일이 의회의 전부였다고 해도 과언이 아닐 것이다.

입법부가 자신의 정책적 틀을 가지고 행정부를 견제하기 시작했던 출발점은 13대 국회부터라고 봐야 한다. 그런 점에서 386세대들은 과거 민주화운동에 기여한 공로뿐만 아니라 그 이후 대한민국 입법·사법·행정부의 내용적 발전이라는 측면에서 상당한 역할을 했다고 생각한다. 특히 정당정치를 강화하고, 입법부를 정책으로 뒷받침하기 시작한 공이 있다고 생각한다. 386 운동권 출신들이 13대 국회의원의 입법 보좌관들로 들어와서 활동한 결과들이다.

지방자치실무연구소를 하던 그 무렵은 우리 정치사에 도래한 하나의 과도기였다. 그렇기에 무슨 영역이든 먼저 깃발 꼽는 사람이 우선인 시기이기도 했다. 그런 점에서 지방자치 실무에 관한 한 정치시장에는 이렇다 할 우리의 경쟁사가 없었다. 우리가 거의 선점의 효과를 다 가져갔던 것이다.

지방자치 무대에서 전개된 우리 연구소의 활동은 당시 하나의 신선한 바람을 일으키기에 충분했다. 우리가 이때 이미 '정책'을 생산하는 일의 중요성을 깨닫고 있었다는 점, 무엇을 목표로 할 것인가에 대한 정확한 포지셔닝, 그리고 그것을 고민하고 생산해 낼 열정과 실무역량을 갖춘 인적 구성이 있었기에 가능한 얘기였다.

이들을 일러 세상은 386이란 이름을 붙여준 바 있다. 세간의 많은 문제 지적에도 불구하고 386세대들의 이런 공로는 정확하게 평가되어 마땅하다고 생각한다.

출범하기가 무섭게 연구소에는 '지방자치'와 '실무'와 관련한 많은 일들이 기다리고 있었다. 당시 연구소가 진행했던 사업들을 보면 크게 지방의회에 대한 실무적 지원사업, 국내외에서의 다양한 연수사업, 그리고 지역주민운동 연대사업 정도로 나뉜다.

지방의회를 대상으로 한 실무용역은 쉽게 말하면 지방의회 의원들의 대정부질문, 시정감사, 조례제정 등에 대한 좋은 사례들을 발굴해서 세미나나 연찬회를 통해 함께 보급하는 활동들이다. 1993년도 말 서울시의회의 94년 예결산 분석작업도 우리가 맡아 진행했다.

세미나나 심포지엄, 토론회 개최 등도 활동의 주요 갈래를 이룬다. 지방의회 의원을 상대로 한 지방자치 강연을 진행했는데, '행정감사란 무엇인가'부터 행정, 예결산, 지방회의 예결산 실무지침 등에 관한 세부강좌였다. 강좌를 위한 강사 발굴 작업도 지속적으로 이루어져야 할 업무였다. 제대로 된 관점과 내용적 충실함을 담보한 강의가 필요했기 때문이다. 지방자치의 경험 자체가 일천한 상황에서 특히나 우리 스스로가 공부하며 발로 뛰는 수밖에 없는 상황이었다.

또 독일 에버트 재단과 합동으로 독일의 지방자치활동과 성과들을 현장견학하고 연수할 수 있는 프로그램을 마련해 진행했다. 1995년 지방자치 선거 때는 출마자들을 중심으로 팀을 짜서 두 차례에 걸쳐 미국과 독일에 해외연수를 보냈다. 미국연수는 우리가 독자적 프로그램으로 만든 상품이었다.

대부분의 사람이 지방의회나 지방자치제도에 생소할 때인지라 이런 지방자치와 관련된 연수활동은 지방선거 출마자들에게 확실한 메리트를 주는 기회였다. 지방정치에 뜻을 둔 출마자들로서는 이를 통해 정말 좋은 학습의 기회를 제공받은 셈이다.

마지막으로 지역주민운동과의 네트워크를 형성하는 일에도 우리는 많은 역량을 투여했다. 이후 참여자치 분권연대의 효시를 사실상 우리가 시작했다고 해도 과언이 아닐 만큼의 성과도 거두었다.

우리는 전국의 지역주민 시민사회단체 연대회의도 조직했는데, 총 23개 단체가 모여 전국 단위의 자치분권 연대체를 만들고, 이 단위에서 연대사업과 관련한 회의를 해마다 개최했다.

이 모든 활동들을 통해 지방자치와 풀뿌리 민주주의운동의 중요성을 전파하는 데 커다란 기여를 했던 것이다.

신나는 정치, 재미난 정치를 만나다

지방자치 선거가 시작되니까 발 빠른 대학에서는 지방자치학과나 지방행정대학원 코스를 만들어서 신입생들을 모집하기 시작하고 있었다. 한마디로 지방자치가 이제 '뜨는 아이템'이 된 것이다. 하지만 방송에서 지방자치와 관련한 인터뷰가 필요할 때는 주로 우리 연구소로 요청이 들어오곤 했다. 학술적 무게가 아닌 현실영역에서의 기동력과 문제해결력에서 확실한 주목을 받았다는 증거다.

전국 단위의 소통을 위한 노력도 딴에는 독보적이었다고 생각한다. 아직 인터넷이 없던 시절인지라, 그때그때의 상황과 정보를 뉴스형식으로 전달하는 팩스통신을 만들었다. 1991년 수립된 지방의회를 대상으로 해서 좋은 조례를 만든 지방의회의 조례사항들을 재빠르게 발굴하여 주 1회씩 내보냈다. 이에 대한 지방에서의 반응은 좋을 수밖에 없었다. 그걸 보고 사람들은 다른 지방의회의 좋은 사례에 공감하고 자기 활동의 자양분으로 삼을 수 있었다.

한편 신속하고 시의성 있는 통신을 위해 항상 지방언론을 모니터

할 필요가 생겼다. 매 시기 지방언론에서 쟁점이 되고 있거나 거론되고 있는 사항을 요약, 압축하여 공유하기 위해서는 지역 통신원이 필요했다. 말하자면 지역의 통신원 역할을 하는 포스트를 두는 것이다. 결국 그것은 조직화의 과정이기도 했다. 실무의 현장에서 함께 호흡하며 맺어 나가는 관계망으로서의 조직. 우리는 그때 일의 과정에서 사람을 얻는 경험을 한 것이다.

한편으론 연구원들의 연구결과를 모아 월간지를 만들기도 했다. 그래서 주간 단위로는 팩스통신이 나가고, 월간으로는 잡지 《참여사회》를 만들었다. 단행본도 다섯 권이나 냈으니 한시도 쉴 틈 없이 일한 것 같다.

돌아보면 정말이지 종횡무진으로 뛰었던 시절이다. 아직 아무도 손대지 않은 영역이기에 새롭게 개발할 사업의 가능성은 무한했고, 고단했으나 하나씩 발 빠르게 새로운 아이템을 확장해 나가는 일의 즐거움이란 이루 말할 수 없는 것이었다. 다행히 반응도 흥행도 모두 좋았으므로 일에 대한 사명감과 보람은 늘 충분했다. 그것이 우리를 지탱시키는 힘이자 희망이었다.

당시 우리는 특히 지방의회 의원들의 학습기회를 만드는 일에 많은 시간을 할애했다. 제대로 된 지방자치 실무를 위한 학습이었다. 주로 지방의회 의원들의 연찬회를 조직해서 진행하는 방식이었는데, 그 지역의 상황과 요구에 맞게 프로그램을 준비해 들어가면, 대개는 당시 연구소 소장이신 노무현 부총재님이 인사말을 하시게 된다.

그러니까 그분 입장에서는 전당대회나 기타 당원관리라는 측면에서는 일일이 밥 사고 술 사면서 만나야 할 사람들을 오히려 돈을 받아가며 만나게 되는 상황이니, 그야말로 일석이조였다. 일 자체가 연구소 용역사업이니 연구소 소장으로서 좋은 것이고, 거기 참가한 사람들이 다들 지방으로 내려가면 그 지역의 굵직굵직한 대의원들이요 정치적 재목들이었으니, 차세대 정치지도자를 꿈꾸던 노무현 대통령에게는 그 또한 반가운 일이었다.

사업은 연이어 진행되었다. 1993년 10월 원주시의회에 이어 11월에 서울시 기초의원들과 연찬회와 세미나가 있었다. 이어 전라북도 의회에서도 연찬회를 열었다. 1994년 3월에는 연구소의 제1차 정기총회 형식으로 자리를 마련했는데, 사실상 회원들에 대한 팬서비스 차원에서 하루 종일 지방자치와 관련된 주제들을 쭉 다루는 것이었다.

여기서도 또 앞에 한 시간은 지방자치 총론으로 노무현 소장의 한 시간짜리 특강이 들어갔다. 중소기업 중앙회관 강당이 한 5백~6백 석 들어가는 규모인데, 그걸 다 채우고도 모자라 서서 듣는 사람까지 생기는 상황이 돼버렸다. 솔직히 그렇게까지 기대를 했던 건 아닌데 지방자치를 주제로 한 강의로 그 강당이 완전히 미어터지는, 이른바 대박이 난 것이다.

1994년도 3월에는 지방의회 의원 베스트 50명을 뽑아서 그들을 인터뷰한 내용으로 《생활정치 현장 리포트》라는 책을 만들었다. 갓 피어나기 시작한 우리 지방의회 활동의 살아 있는 활동보고이자 소중한 성과의 집적이었다. 그해 6월에는 1995년 선거를 맞이해서 선거법 개정을 했는데, 이 개정 선거법 해설 세미나도 우리가 준비했다. 또 같은 달 6월에 민선 단체장 역할에 관한 세미나, 9월에는 영유아법 개정을 위한 정책토론회, 지방자치 관련 연구원 예결산 분석 세미나 등의 일정이 빡빡하게 이어져 있었다.

12월에는 학교급식 지원을 위한 자치단체 조례제정이 전남 어디선가 시범적으로 시작되었다. 이런 과정을 보며 정치라는 게 그렇게 신선하고 즐거울 수 있다는 데 놀랐다. 그동안 중앙의 민주화투쟁, 곧 중앙의 권력투쟁 중심의 정치만 해봤던 우리에게 이런 지방자치 운동은 하나부터 열까지가 다 재미난 것 투성이였다.

구체적이고 피부에 와 닿는 삶의 문제들을 하나씩 바꿔 나가는 과정을 통해 아, 정말 이게 정치구나, 이렇게만 한다면 우리가 좋은 민주주의를 만들 수도 있겠구나 하는 생각이 확확 들었다. 민주주의가 우리 삶에 어떤 해답을 줄 수 있을 것인지를 눈으로 보는 과정이었다.

전선운동에서 시민운동으로의 전환

30년 만에 다시 열린 지방자치 공간. 하지만 활짝 열린 그 마당을 충분히 다 누릴 만한 준비는 아직 부족한 상황이었다. 그때까지는 대학의 강단에서나 학문으로서 다루는 정도였을 뿐 지방자치에 대한 대중적 이해나 논의는 거의 전무한 상태였다. 그럴 수밖에 없는 것이 정치권 자체에서 문을 걸어 잠그고 지방자치를 안 하고 있는 마당에 누가 그걸 연구하겠다고 나섰겠는가?

출마자들조차 재정자립도가 무얼 의미하는지, 지방사무와 국가사무가 어떤 차이를 갖는지에 대한 구분이 아직 없는 상태였다. 실질적인 행정적 노하우와 기술이 부족했던 건 더 말할 필요도 없다.

이렇게 지방자치와 관련한 모든 개념들이 사실은 사람들에게 낯선 것이었다. 누군가 이 개념을 사람들한테 정확하게 하나씩 심어 주면서 지방자치제도의 구조를 설명해 내고, 이 구조의 주인으로서 당신들이 어떻게 활동해야 할지를 말해줄 사람들이 필요했다.

앞서도 언급했듯이 우리는 바로 그러한 요구에 정확히 부합하는 연구소였다. 사실 우리는 그때 굉장히 잘나갔다. 우리가 하는 모든 활동에 사람들은 주목했으며, 지방자치 영역에 관한 한 우리보다 더 많은 걸 얘기할 수 있는 그룹은 없는 듯했다. 새롭게 열린 시대를 바라보고 준비할 줄 아는 눈이 있었기에 가능한 일이었다고 나는 감히 자부한다.

반복되지만, 그즈음은 여러 가지 측면에서 우리 사회의 '전환'을 목도하는 시기였다. 이전의 반독재 민주화운동의 흐름이 조금은 다른 방향으로 흐르기 시작하는 시점, 다시 말해 혁명운동이 시민운동 개념으로 전환하기 시작하는 시점이었던 것이다.

연구소는 이 시대적 전환에 걸맞은 활동을 누구보다 먼저 기획하고 제시하며 추진해 나갔다. 속속 등장하기 시작하는 시민사회단체와 같이 풀뿌리 민주주의운동을 위한 연대활동을 강화하거나, 1995년도에 출마할 사람들을 대상으로 지방자치의 제도, 이념, 철학, 노하우를 전수하는 등 당시 존재하는 연구소로서는 거의 독보적인 존재였다.

이념의 깃발이 사라진 자리에 주저앉아 오래 망연자실할 여유가 우리에게는 없었다. 시대의 과제가 너무나 분명했기 때문이다. 그럴 수 있었던 것이 기본적으로는 연구소의 중심이던 노무현 대통령의 기질이 그러하기 때문이었고, 그의 주변에 모여든 젊은 정치인들의 열정 또한 그랬기 때문이다. 잔존하는 민주주의의 과제를 새내로 수행해 나갈 새로운 길 닦기를 고민하는 것만으로도 부족한 때였다. 우리는 그때 시민운동 시대로의 전환을 체감하고 있는 중이었다. 그렇게 분주하게 시대와 호흡해 나가는 것에 나는 무엇보다 큰 행복을 느꼈다.

새로운 참여의 공간에서 배우는 민주주의

당시 지방자치를 말하는 각론에서 행정의 효율성, 생산성, 관료주의의 비효율성 극복 등의 담론으로 치우쳐 간 측면이 없지 않지만, 또 한편으로 보면 본래의 목표였던 지방자치의 발전에 기여했던 바가 더 크다.

우리는 대통령 중심제가 겪게 되는 독재와 부패를 막기 위한 분권으로서의 견제와 균형, 그 분권적 원리로서의 지방자치의 의미를 근본적으로 놓치지 않았다. 그것의 핵심은 '시민이 참여할 수 있는 정치공간의 확보'였다.

이 열린 공간에 어떻게 참여할 것인가를 주제로 연구소에서 펴낸 책이 《생활정치 현장 리포트》이다. 이 책에서는 다양한 지역자치운동의 사례들이 소개되었다. 그 당시 《시사저널》과 함께 전국의 지방의원 중 '베스트 11'을 뽑아서 우리가 인터뷰한 내용이다. 거기서 우리는 '당신은 왜 지방의회에 도전하게 되었으며 지방의원이 되고 나서 어떤 역할을 했고 거기에 대한 보람이 무엇인지'에 대한 물음을 던졌고, 이에 답하는 지방활동가들의 생생한 목소리들을 그대로 담았다. 지역 내에서 열심히 봉사활동을 하던 한 주부가 어떻게 지방의원이 됐고, 지역민의 이익을 대변하기 위해 어떤 활동들을 전개했는지 등의 성공사례들이 그 책에 담겼다.

이 풀뿌리 민주주의 운동가들이 지방의회의 제도공간을 주목한 것은 우리 민주발전사에서 커다란 의미를 지닌다. 1988년도 인권변호사 노무현이 제도화된 의회와 정당에 주목했듯이, 이들 활동가들도 열린 이 지방자치의 공간에 적극적으로 참여해야 한다는 것이 우리의 바람이었다. 그 풀뿌리 민주주의 운동역량이 제도적 균형을 이뤄

내고 하나의 세력적 거점을 갖는다면, 이렇게 아래로부터 성장해 온 민주주의 역량으로 중앙의 권력도 민주화해 내지 않겠느냐 하는 기대와 희망을 가질 수 있을 것이었기 때문이다.

그래서 지방으로부터 많은 민주화 운동가들을 이 참여와 자치의 공간, 직접 민주주의의 공간에 끌어들이고자 노력했다. 이것이 《자치시대》에 내가 썼던 '21세기 민주주의, 민주화운동의 21세기 새로운 지평'이라는 글의 내용이다. 그것이 그 당시 내가 지방자치연구소를 하면서 배웠던 핵심적 요점이기도 하다.

그전까지는 반독재 민주화투쟁을 했지만, 민주주의자로서 향후의 우리의 과제는 직접 민주주의, 자치분권을 향한 공간으로서 지방자치제도에 주목하고 이 지방자치제도에 도전함으로써 우리의 정치세력화를 꾀하는 것이라고 생각했다. 새로운 세력들의 정치세력화… 그 거점으로서의 지방자치제도를 주목했던 것이다. 80년대 민주화운동 세대로서 이념과 전선이 사라진 90년대에 새로운 민주화운동의 장을 찾은 셈이었다.

정치학교를 열며 배우다

1994년도 말부터 본격적인 '정치학교'를 열었다. 지방자치실무연구소 활동의 일환이기도 했고, 한편으론 연구소를 재정적으로 유지하기 위한 현실적 방편의 의미도 가지고 있었다. 그때 지방의회반은 4기까지, 지방자치단체장반은 3기까지 했던 걸로 기억한다.

수업료를 받아 놓았으니 질 좋은 강의, 제대로 된 관점의 강의를 엮어줘야 하는 게 도리다. 김병준 교수님이나 이달곤 교수님 등 관련 분야의 학자들과 인연을 맺기 시작한 것도 그 때문이다. 개인적으로는 이 과정을 통해 많은 공부가 됐던 것 같다.

2기 단체장반 때는 내가 간사를 맡아 진행했는데, 이때 수업했던 내용은 책으로도 출판했다. 그때 내가 강의를 노트해서 바로 엮어낸 것이 사계절 출판사에서 나온 《자치시대의 정책과 공약》이라는 책이다. 책을 만들면서도 역시 공부가 많이 되었는데, 지방자치와 관련한 쟁점과 문제의식의 정리, 이론적 접근, 현실적 방향설정 등에 대한 사고의 체계를 하나하나 잡아나갈 수 있었던, 나의 '좋은 정치학교'였던 셈이다.

당시 내가 원고를 만들던 방식이라는 게 참으로 미련하기 짝이 없었다. 녹취를 해서 풀었던 것도 아니고 그냥 무작정 연습장에 강의내용을 모두 옮겨 적고 집에 가서는 그걸 바로 기억을 되살려 가며 타이핑하는 식이었다. 다들 어떻게 이걸 그대로 다 쳤느냐며 칭찬들을 많이 했는데, 지금 생각해도 어떻게 그렇게까지 할 수 있었는지 싶다. 뭐 있겠는가? 그저 그 일 자체에 내가 흠뻑 빠졌을 뿐. 정치학교를 기획하고 강의를 구성하고, 그 강의를 진행하는 과정에서 오히려 가장 많은 공부를 하게 된 사람이 나 자신이었던 것이다.

이것 말고 또 재정, 지역산업 정책 등 분야별로 10강 정도의 강좌가 하나 있었는데, 그 강의록들을 다 모으니까 또 책 한 권 분량이 나왔다. 그걸 다 모아서 강의가 종료된 바로 다음날 출판사와 계약을 해서 책을 냈다. 그야말로 '원 소스 멀티 유즈'(*One Source Multi Use*) 방식이다.

그러나 책의 출판은 그 자체의 성과를 모아내는 의미는 있었어도 재정사업이라는 측면에서는 사실상 큰 도움이 되지는 않았다. 그래서 시작한 게 1995년도의 '선거기획사'다. 그때 우리는 '530 선거기획단'을 차려서 선거운동원 교육에서부터 각종 홍보물, 후보자 연설문까지 지원해 주는 일을 했다. 그때 우리가 맡았던 자치단체장 후보가 8명가량이었던 것으로 기억한다. 이 일로는 어느 정도의 재원 마련이 가능했다. 딱 세 달 일해 가지고 2억 원 가까이를 벌었으니 매우 성과적인 아이템이었다.

그때도 출판사를 해봤던 내 경험이 많은 도움이 됐다. 디자인이며 인쇄소, 종이가게 같은 실무상의 네트워크를 가지고 있었으니 가능한 일이었다. 하지만 실상은 주변 지인들의 신세를 지는 일이기도 했다. 나를 돕겠다는 마음으로 그들은 거의 원가 정도의 가격에 일을 처리해 주었다. 참으로 고마운 일이 아닐 수 없다.

그렇게 만든 돈으로 1996년까지 연구소가 버틸 수 있었다. 허나 그 후 1996년도 노무현 대통령이 선거에서 떨어지고 나서는 더 이상 연구소를 끌고 가 달라고 부탁할 수가 없었다. 그것은 너무 가혹한 일이란 걸 알기에, 결국 우리는 해산을 결정했다.

4년간의 강행군이었다. 실로 엄청난 에너지가 폭발했던 시기였으며 적지 않은 성과를 얻은 소중한 경험이다. 나는 이 기간을 통해 21세기 새로운 민주주의 과제들에 대해 생각과 이론을 정립할 수 있었다. 독재자가 사라진다고 민주주의가 완성되는 것은 아니다. 헌법이 말하고 있는 3권분립과 지방자치의 정신을 구현하기 위해 80년대 민주화운동 세대들은 더욱더 분발해야 한다는 각성을 한 시기이기도 했다.

2. 내가 그에게 빠진 이유

노무현, 그 인기의 비결

노무현 대통령의 주변에는 늘 사람이 들끓었다. 그것도 살아 있는 눈빛의 젊은 일꾼들이 늘 그의 주변에 몰렸고, 그와 함께 일하기를 원했다. 사람들은 늘 궁금해 했다. 계파도 없고 돈도 없고 빽도 없는 노무현의 곁에 왜 그렇게 많은 젊은이들이 몰려드는지를 이해할 수 없었다. 혹시나 훗날에라도 있을 어떤 영예나 이익을 기대하기엔 그는 지나치게 가진 게 없는 정치인이었다.

민중과 역사적 대의를 말하던 젊은이들이 최저생계비에도 못 미치는 봉급을 감수하며 그의 곁에 머물도록 한 힘은 정말 무엇이었을까? 그 초라한 경상도 사내와 더불어 더 좋은 세상 만들기의 꿈을 계속 꾸고 싶어 하게 만들었던 그 이상한 힘의 정체는 과연 무엇이었을까?

그 답은 바로 노무현만이 가지고 있던 '수평적 리더십'에 있다고 생각한다. 아마 잠시라도 그와 함께 일해 본 경험이 있는 사람이라면 누구나 수긍하게 될 것이다. 지금까지 우리가 알고 있던 어떤 정치인도 그와 같지 않았다.

무릇 정치인이라고 하는 사람들은 권위가 있어야 한다는 사실에 대부분 충실했다. 그들은 아랫사람이 감히 넘볼 수 없는 그만의 캐비닛 하나 굳게 잠그고 사는 사람이어야 했다. 그것은 자기만 볼 수 있어야 하는 신성의 영역과도 같다. 따라서 그들은 자기가 참여하는 당무회의나 정무회의, 국회상임위 등에서 이루어진 회의결과를 비서진 나부랭이에게 보고하는 일이 없다. 필요한 지시만 내릴 뿐이다.

그런데 노무현 대통령은 자기가 속해 있던 단위의 회의내용을 늘 자기 참모한테 정확히 보고해 주었다. 보고를 받고 내용을 알아야 스태프들이 일을 제대로 하게 되는 것 아니냐는 것이 그의 논리였다. 그렇지 않을 경우 이 스태프는 늘 보스의 눈치를 보면서 수동적인 역할밖에 못하게 된다는 것이다. 늘 시키는 일이나 하며 눈치 보는 '가방모찌'가 될 뿐이라는 것이다.

그가 원하는 사람은 가방 들어줄 사람이 아닌 '동지'였다. 그래서 자기가 맡고 있는 모든 회의결과를 스태프들이 알아야 될 업무의 영역에 대해서만큼은 정확하게 보고를 해줬다.

신선하고 놀라웠다. 결코 본 적이 없는 모습이었다. 내가 아는 한 그럴 수 있는 정치인은 당시 아무도 없었다. 요즘에야 많이 달라졌다고 하나, 그 당시 정치권 내 문화라는 게 이른바 '반열'이 분명했고, '감히 비서 주제에'라는 말이 너무나 자연스러울 만큼 권위적인 시대였다. 그 '비서 주제들'을 동업자와 스태프 수준으로 끌어당긴 사람 노무현을 우리는 존경하고 따랐던 것이다.

우리 중 누구도 '가방모찌'로만 일하고 싶은 스태프는 없다. 그것은 386세대들이 갖는 하나의 특징과도 같은 점이다. 무시당하고 배척당하는 채로는 일하지 못한다. 스스로 주체가 되었을 때 사명감도 나오고 일할 맛이 나는 것이다. 노무현에게서는 내가 만들어 주는 자료들이 정확하게 업무영역에 들어가는 것을 볼 수 있었다. 그리고 그 과정에 대해서 서로 상의할 수 있었다. 스스로 일의 주체가 되고 있다는 확신을 늘 가질 수 있었다.

그러니 누군들 그와 일하고 싶지 않았겠는가? 그분이 가진 문화적 코드 역시 겸손했고 수평적이었지만, 그는 실지 일의 과정 내내 그러한 태도를 잃지 않았다. 왜냐하면 그것이 그분의 일관된 진심이기 때문이다. 이것이 품위와 매너에서만 신사적일 수 있던 동시대 다른 정치인들과 확연히 구분되는 그분만의 매력이었던 것이다.

이렇게 한 조직에서 스태프가 되느냐 비서 쪼가리가 되느냐를 가르는 핵심은 그 보스가 자기가 속해 있는 회의와 정보들을 관련역할을 맡고 있는 스태프에게 정확하게 100% 공유를 해주느냐 안 해주느냐의 차이라고 나는 생각한다. 노무현 대통령은 그걸 가장 정확히 했던 사람이었고, 나는 그의 그런 점을 존경하고 배우고자 했다.

곁에서 지켜본 노무현 대통령의 또 하나의 특징은 '선물을 못하는 사람'이라는 점이다. 그의 성품이 본래 그렇게 인색한가 하면, 그런 건 또 아니다. 그는 뭔가 시혜와 은전을 받는 사람과 무언가를 내려주는 사람이라는 관계가 이루어지는 것은 옳지 않다고 생각했던 듯하다. 적어도 그런 부담감을 가지고 있었던 것 같다.

그는 자신의 후원자들을 살림 사는 나에게 다 연결해 두고 스스로는 '관리'하지 않았다. 그러니까 자기의 중요한 비망록 리스트를 나한테 다 맡겨 놓고는 후원자들한테 "안희정 씨가 내 분신과 같은 사람입니다"라고 얘기해 주는 걸로 끝내는 식이다.

스스로 보스가 되어 폼 나게 아랫사람들에게 이따금 금일봉 하나씩 안기는 퍼포먼스를 못하는 사람. 그러니 그는 확실히 여러 가지 면에서 낯설 수밖에 없는 정치인이다. 그것이 한국 정치문화에 대한 그분의 전략적 태도와 방침 때문인지, 누구한테 맘껏 베풀어 볼 수 없었던 그 가난의 문화 때문인지는 잘 모르겠다. 단지 그는 그 주고받는 행위는 같은 동업자에 대한 예의가 아니라고 여긴 듯하다.

처음에는 그런 걸 참 못하시는 분이구나 생각했는데 한동안 모시면서 든 생각은, 못하는 게 아니라 안 하는 거였다는 쪽이다. 홀로 주머니를 틀어쥐고 통 크게 나눠주는 모양새를 취하기보다, 그는 오히려 자기가 가진 것을 모두 공동 우물물에 퍼 담는 방식을 택했다. 누구든 필요한 사람이 떠 마실 수 있게 하자는 것이다.

그가 보여준 이 모든 행동양식이 자기가 맺고 있는 스태프들을 동지적 관계로 엮어 나가는 그분의 용인술이기도 했던 것 같다. 결벽증에 가까운 그의 모습 속에서 참된 정치인의 자세를 읽을 수 있게 하고, 결국은 기꺼이 그를 따르게 하는 힘으로 작용했던 걸 보면 더욱 그런 생각이 든다. 특히 부정부패라는 죄목에 유독 취약한 우리의 정치풍토에 비출 때, 더더욱 두드러지는 특징이 아닐 수 없다. 그리고 그것은 '좋은 미덕'이었음에 분명하다.

돌아갈 곳 없는 사람들의 선택

당시 함께 연구소를 꾸려 나갔던 동지들은 선임연구원으로 최동규, 기획연구위원 이광재, 연대담당 정윤재, 정책담당 황이수, 서갑원, 원성목, 그리고 나 이렇게 일곱 명이었다. 국회의원 회관에서 다른 의원들이 볼 때는 노무현이 자기 보좌관 비서관급을 일곱이나 상근시켜 놓고 연구소를 운영하는 형국이었다. 그러니 또 그가 사실은 굉장한 부자인 줄 아는 사람도 있었던 모양이다.

그러나 세상이 다 알다시피 사정은 전혀 그렇지가 못했다. 1993년에 연구소를 설립하고 1994년부터 노무현 대통령이 의원회관 한 바퀴를 다 돌았다고 한다. 원외로 연구소를 하자니 너무 힘들다고, 연구소 회원가입 좀 해달라고 말이다.

그때 우리들 급여가 50만 원씩 잡아서 8명이면 4백만 원이다. 이 인건비 4백에 임대료, 활동비, 사업비, 월간지 출간비 등을 모두 잡아 한 달에 1,000만~1,200만 원 이쪽저쪽이 들어가는 상황이었다. 노무현 소장님이 의원회관 돌아서 의원님들 회비에서 공제돼서 들어오는 액수가 월 7백만~8백만 원 이쪽저쪽가량 됐는데, 결국 매월 최소 5백만 원가량이 빌 수밖에 없는 살림살이였다. 그걸 어떻게든 끌어가야 하는, 구조적으로 벅찰 수밖에 없는 살림이었던 것이다.

1993년 말에 이 연구소를 출범시켜서 1994년도에 한 해를 운영한 이후 당시 노무현 소장님은 모든 참모들을 불러놓고, '이제 그만하겠다'고 선언한 적이 있다. 내색은 안 했어도 정말 힘드셨던 것이다, 사실은.

그때 함께 둘러앉았던 사람들이 막내급 여간사까지 포함해 약 20여 명이었던 걸로 기억한다. 흥부네 집이 그랬을까? 그분으로선 이 식구들을 책임질 대책이 늘 막막했던 것이다.

"내가 여러 가지로 생각해 봤는데, 우리 이제 그만하세. 그만하는 게 좋겠어. 희정이 자네도 돈 벌게. 어디 한마디씩 해봐. 한마디씩 쭉…."

돌아가며 이런저런 할 수 있는 얘기들이 다 오갔다. '뭐 이제 변호사님의 뜻이 그러시다면…' 하는 얘기부터 '꼭 해야 됩니다'까지, 다양한 얘기가 도는데, 내가 마지막 차례다. 나는 이렇게 얘기했다.

"저는 그렇게 생각 안 합니다. 노 변호사님도 돌아갈 데 없습니다. 정말 변호사로서 생업에 전념하고 살 수 있겠습니까? 우리가 생각한 정치가 어디 그렇게 쉽게 그만둬지는 겁니까? 우리들, 사회적 가치에 대한 꿈들을 꾸며 인생을 살아본 사람들은 절대로 그렇게 쉽게 소시민으로 돌아가지 못합니다. 괜히 변호사 사무실 열어서 생업에 돌아가실 수 있는 것처럼 얘기하지 마시고 그냥 갑시다. 우리는 돌아갈 데 정말 없습니다."

그 말을 조용히 듣고 있던 그분이 씩 웃으며 한 말씀 하셨다.

"하여튼~ 맞아! 내가 저렇게 얘기했어야 되는 건데…" 하시면서 환히 웃으시는 것이다. 결국 그날 마지막 활동중단 선언을 하려고 시작했던 모임은 다시 열심히 해보자는 쪽으로 마무리되었다.

그 후로도 여러 차례 우리는 당장 그만둬 마땅한 현실적 어려움에 무수히도 많이 맞닥뜨렸지만, 결국은 그만두지 못한 채 그 궁핍하고 피 마르는 살림살이를 연명해 나갔다.

우리는 정말로 돌아갈 곳이 없는 사람들이었다. 여전히 가슴 한복판을 가로지르는 역사적 소명의식을 놓지 않는 한, 사회변화와 사람 사는 세상에 대한 갈망이 멈추지 않는 한 우리는 돌아갈 길을 찾아 자리를 털 줄을 모르는 사람들이었다.

여전히 불의가 판치는 세상에서 농사짓는 농부로만 살 수 없는 서부 총잡이 같은 운명 때문이다.

부산에서 출마하지 않으려던 마음

연달아 지는 싸움만 하려던 사람, 노무현. 그 말도 안 되는 무모함이 더러는 사람들의 마음을 오히려 더 움직이기도 했을 터이지만, 그 과정에서 본인이 겪었을 마음의 고통이란 짐작조차 어려운 정도였으리라.

1995년 부산시장 선거에서 지고 나서 1996년 총선에 또 부산에서 출마를 하는 상황이 되니 본인이 너무 힘들었던 것 같다. 총선을 앞두고 그분은 적잖은 갈등과 고뇌 속에 결론을 내렸다. 그것은 '출마하지 않는다' 였다. 어차피 재정이나 여타 사람들 관계로 볼 때 계속해서 안 되는 것에 도전하고 있는 것이었으니 무리도 아니다.

그때가 1995년도 지방자치 선거가 끝난 다음 새정치국민회의가 만들어지면서 우리가 거기에 따라가지 않았던 때였는데, 노무현 대통령의 불출마 결심을 듣고, 당시 이광재 씨는 대신 종로 출마를 권유했다.

여기까지 왔는데 지금 당장 집에 돌아간다고 하면 모양이 너무 안 좋지 않으냐고. 또 어차피 이번 선거에 출마 안 할 도리는 없는 상황이고, 부산에서 항상 떨어지는 선거만 하는 사람의 이미지를 갖는 것도 그리 좋은 일은 아니지 않은가 하는 얘기였다. 사실 대통령님의 마음 역시 그랬을 것이다. 성인이 아닌 보통의 인간, 보통의 정치인으로서 겪어야 할 마음의 고통 때문에 말이다.

때마침 당시 잔류 민주당에는 마땅히 종로지역에 출마할 만한 사람도 없었다. 그러니 당의 입장에선 총선 때 정치 1번지인 종로에 후보를 낼 수 있는지 여부도 중요한 문제니까, 마지막으로 당에 기여하시고 끝내는 수순으로 생각하시라는 제안이었다.

현실적으로 아마 많은 고민을 하셨을 것이다. 또 한편으로 보면 그분이 부산 출마를 안 하기로 한 결정의 이면에는 이런 문제도 있었지 않았을까 나름대로 생각해 본다. 그 당시 선거가 '3김 정치 청산'의 의미를 갖고 있었는데, 부산에서 또 자신이 나가게 되면 불가불 김대중을 공격해야 하는 상황이 될 수밖에 없었던 것이다.

서울에서 김대중과 3김 정치 청산을 얘기하는 것과 부산에서 그것을 얘기하는 것은 전혀 다른 차원의 문제다. 아마도 이것이 불출마 결심의 최대이유가 아니었을까 짐작한다. 그 후로도 그때 왜 부산에서 그렇게 안 하시려고 했느냐고 직접 물어본 적은 없지만, 미루어 짐작건대 김대중 씨를 극도로 미워하는 지역에서 본인이 김대중을 욕하는 그런 선거는 하기 싫었던 것이 아니었을까 생각된다. 그런 마음이었으니 애초부터 스스로 출마할 기회를 버린 것이다. 그런 심적 갈등을 하던 와중에 종로 출마 제의를 받고는 그제야 오케이를 하신 거였다.

어찌 되었든 그때 그렇게 해서 1996년 지방자치실무연구소가 종로 총선에서 진 다음 문을 닫게 된다. 그런데 의외의 사실 하나가 있다. 1995년 부산시장 선거도 그렇고 1996년 총선에서도 그렇고, 사실 나는 노무현 대통령의 선거운동을 한 적이 없었다는 점이다.

선거 때마다 나는 연구소 살림을 맡아야 했고, 두 번 다 선거기획사를 꾸려 재정사업 하는 일에 매진해야 했다. 모시는 분의 당선을 위해 뛰는 대신 나는 늘 앞뒤의 살림을 사는 일에 매달려야 했던 것이다. 나로선 그분의 당선을 위한 선거전선에 뛰어들고 싶은 마음 간절했지만 아마도, 운명이 그랬나 보다.

정치와 사회운동의 결합상품

지방자치실무연구소 소장으로서의 노무현은 시민운동가와 정치인의 그 어떤 경계에서 끊임없이 갈등했던 사람이다. 인권운동가와 사회운동가로서 활동했고, 또 장차 노동자계급 정당을 만들겠다는 꿈을 품었던 그 인권변호사 노무현. 그랬던 그가 1990년 3당 야합 이후 1992년 선거에서 떨어지고, 1993년 야당의 부총재가 되었다. 아마도 이때부터가 노무현 대통령의 제 2기 정치인생의 시작이었다고 생각된다.

국회의원이 되기 이전, 그는 무수한 투쟁의 현장에 참여했고 갖가지 고초를 다 경험해야 했다. 그 싸움들 속에서 어디까지가 이 현실 속에서 가능한 얘기인지, 실질적으로 우리를 가로막고 있는 장벽이 무엇인지를 일일이 몸소 겪어야 했다.

알려진 것처럼 그는 1981년 부림 사건에서부터 인권변호사로 활동했다. 그런데 무슨 변호사가 군홧발로 만날 밟히고, 어딜 가도 공권력이 출입을 막으면 변호사라 할지라도 출입할 수 없는 게 현실이었다. 그 들어갈 수 없는 영역에 대한 답답함이 정말 컸던 모양이다. 거기까지만 가면 그래도 뭔가 더 본격적인 문제해결의 방법이 있을 것 같았는데…. 제도권 밖 싸움의 한계이기도 했다.

그분이 국회의원이 되고 나서 가장 좋았던 것이 뭐냐 물었을 때 '국회의원 배지 하나면 문 다 열어주는 것'이라고 말했다는 얘기를 들은 적이 있다. 서울구치소에 누구를 면회 가거나 할 때 그 배지 하나로 다 통과되는 것에 가장 큰 보람을 느꼈다는 얘기다. 이전에는 할 수 없던 것을 하게 만들어준, 그에겐 상당히 의미 있는 변화였다.

그러나 얼핏 웃고 넘어갈 법한 이 에피소드가 실상 그로 하여금 제도정치권에 도전하게 만들었던 아주 직접적이고 절박한 이유이기도 했다. 그에게 제도권 정치판으로의 진입은 '공간을 더 넓혀서 싸우겠다'는 의지의 반영이었다.

그런데 금배지 달고 좋은 점은, 일단 '거기까지' 였다. 막상 정치현실에 들어와 보니 상황이 그리 녹록지가 않았던 것이다. 물론 그 역시 제도권 정당으로의 진출이 정말 답이라고 생각했던 것은 아니었지만, 그래도 뭔가 새로운 정당정치, 새로운 사회운동의 변화를 이끌어낼 수 있을 거라는 기대를 가지고 있었는데 현실은 전혀 그렇지가 못했다. 결국 얼마 안 가 그는 그 안에서 할 수 있는 것이 무엇인지를 심각히 고민해 봐야 했다.

스스로 국회의원 되어서 한 일이 무엇인지. 결과적으로는 전두환 하나 감옥에도 못 집어넣고 노동조합 필증 하나 제대로 해결 못하고 있는 것 아닌가. 전두환이 1989년 12월 31일 사과문인지 대국민성명서인지 달랑 읽고 백담사로 가는 수준의 결과를 위해 이 정치를 했던 것인지… 하는 자괴감에 그는 시달렸다.

제도정치권의 근본적 한계를 의식하지 않을 수 없는 상황이 곳곳에서 드러나고 있었다. 김영삼·김대중 총재가 지배하는 이 보스정치 정당구조 내에서 과연 실질적으로 할 수 있는 게 무엇이냐에 대해 그는 더욱 깊이 있게 회의하기 시작했다.

국회의원이 된 초기에 그는 울산 현대자동차 같은 파업현장을 찾아가서 "나 같은 노동자 편 국회의원 열 명만 만들어 내면 세상을 뒤엎는다"며 기염을 토하던 패기 넘치는 정치인이었다. 그때까지만 해도 그는 어떻든 간에 '운동가로서의 국회의원'이었던 사람이다.

그러던 그가 1990년 초반부터는 '그냥 국회의원', '정치인 노무현'이 돼 있었다. 그러면서 1993년 부총재가 되고 나서부터는 이제 실질적인 '정당인 노무현'이 된 것이다. 그것이 어떤 의미를 갖는지를 캐물으며 그의 정치적 '변절'에 혐의를 두는 시각들도 많을 것이다. 섣불리 변절 운운하는 주장들에 대해 나는 전혀 동의할 수 없지만, 그것이 이전과는 달라진 성격의 '변화'인 것만은 부정할 수 없는 사실이다.

다만 누군가 그것을 두고 변절이라 하는 사람이 있다면, 나는 '현실정치인으로의 성숙'으로 표현하고자 한다. 내가 아는 노무현 대통령은 단 한 번도 민주주의와 진보의 방향을 포기한 적이 없기 때문이다.

어찌 됐든 이 시기부터 그의 또 다른 정치활동 단계가 시작된다. 그럼에도 불구하고 여전히 넘어야 할 산은 많았다. 살아남기 위해서는 세력을 형성해야 하고, 돈도 있어야 되는 현실정치 상황에 대한 갈등이 수도 없이 이어졌던 것이다. 그는 과연 이 나라 정치판에서 돈의 수렁을 어떻게든 건너갈 수는 있을까 하는 고민에 봉착했다.

현실적으로 그것은 불가능한 얘기다. 누구와 타협하거나 부정을 저지르자는 얘기가 아니라, 누구든 현실의 제도 내에서 이 돈의 수렁을 건너갈 재주는 없었다는 것이다. 돈이 들어갈 수밖에 없는 정치구조 내에서 그것을 극복하고 제대로 된 정치를 한다는 것은 애초부터 불가능해 보였던 것이다.

이 고민이 깊어질 때면 노무현 대통령은 '돈을 먼저 벌고 하든지 안 되면 시민운동을 하자'고 말하곤 했다. 실지로 내가 지방자치실무연구소 시절에 늘 들었던 이야기는 "내가 정치 안 하게 되면 시민운동이라도 할게"였다. 그 말은 다시 말해 시민운동의 가치를 여전히 우위에 두고 있다는 말이기도 했다.

또 당시 내가 노무현 대통령한테 계속해서 던졌던 말은 "이 연구소 정말 끝까지 하시렵니까?"였다. 물론 계속 하셨으면 좋겠다는 바람을 담은 일종의 확인으로서의 질문이었다.

그렇다면 나는 왜 그때 그토록 연구소 일을 놓고 싶지 않았던 걸까? 그 당시 나는 스스로를 도저히 현실 정치인으로 인정하기가 싫었다. 혁명가까지는 안 가더라도 사회운동을 하는 사람으로서의 정체성과 자부심을 갖고 싶었다. '현실 정당인'이니 '정치 지망생' 같은 정치꾼 범주와는 차별화된 정치를 하고 싶었던 것이다.

난 여전히 젊었고 몸속에 흐르는 피는 뜨거웠다. 그러나 역사를 고민하고, 민주주의의 길을 고민하며 변혁운동에 뛰어들었던 정체성을 그대로 안은 채 현실적으로 어떻게 살아가야 할지에 대한 고민 앞에서 늘 괴로웠던 시절이었다. 도무지 해결이 가능할 것 같지 않던 두 가지 고민이었다. 결국은 선택의 문제로만 던져진 과제였다.

바로 그때 노무현 대통령이 내게 하나의 답을 보여주었다. 그의 지방자치실무연구소는 정치도 하면서 사회운동도 하는, 일종의 결합상품이었다. 그러니 이게 너무나 신나고 재미있는 것이다.

싸잡아 정치꾼이라는 비난은 안 받아도 되는 포지션, 그러면서도 정치영역의 발언력을 가지고 있는 형태였다. 이 지방자치실무연구소는 내게 그 정도의 의미를 갖는 틀이었다. 내가 선택할 수 있는 최선의 포지션이었던 것이다. 그래서 나는 당시 노무현 대통령한테 정치 못하시더라도 연구소만큼은 계속 살려줄 수 있느냐고 몇 번이나 묻고 또 확인하곤 했던 것이다.

그런데 결과적으로 나에게는 점점 연구소보다 노무현의 가치가 더 우위를 차지하게 되었다. 연구소를 통해 내가 시민사회운동도 하고 진보적 목소리도 내며 산다는 자부심을 가지고 살고 있다는 측면보다 노무현이 주는 가치가 훨씬 더 중요하고 크게 다가왔던 것이다.

1996년도 말에 내가 잠시 가 있던 이수인 의원실을 그만두고 노무현 변호사 사무실에 책상만이라도 하나 달라고 졸랐을 때는 딱 그런 심정이었다.

'좋다. 나 시민운동가, 무슨 연구소의 연구원, 이런 고상한 명함 없어도 좋다. 오직 노무현한테 걸겠다.'

내게 진심으로 존경하고 따를 만한 스승이 있다는 게 얼마나 든든한 위안이며 힘인 줄을 그때 처음으로 알았다.

이 길의 시작을 묻는다면

'내가 어디서부터 출발했지?'

1994년 동서냉전과 반독재 민주화 전선이 무너지면서 더욱 치열하게 고민한 것이 바로 이것이었다. 또 2004년 감옥에서도 나는 '내가 어디서부터 출발했지?'라는 똑같은 의문을 일기장에 쏟아내곤 했다. 이렇게 처음 시작의 의미를 묻는다는 것은 그만큼 현재의 무게가 고통스럽게 느껴진다는 뜻이기도 하고, 그럼에도 다시 한 번 맨 처음 그 마음의 자락을 붙들고 확인해 보고 싶다는 절박한 심정의 발로이기도 했다.

그럴 때 내 마음속에 떠오르곤 하던 이미지가 하나 있다. 이병주의 소설 《지리산》에 나오는, 한겨울 본대를 잃고 뿔뿔이 흩어진 빨치산의 처지이다. 작가는 그것을 '멧돼지'라 표현했다. 멧돼지가 된 빨치산이 어떤 운명을 맞는지를 소설은 너무나 리얼하게 그렸다.

1988년 어느 저녁, 감옥에서 나는 《지리산》을 읽고 있었다. 책을 읽다 잠이 든 나는 꿈을 꾸었는데, 꿈속에서 나는 어린 빨치산이었다. 나 혼자 떨어져 있다가 공습이 왔다. 이만~한 포탄이 나를 향해 떨어지는 것이다. 너무 놀라 화들짝 잠이 깼다. 그러고는 혼자서 엄청나게 울었던 기억이 난다.

비참했다. 이 길을 가겠다고, 인생 다 망쳐도 좋다고 출발했던 길인데, 혁명과 동지를 얘기했던 우리의 지금 현실이 고작 이거냐 하는 비통한 심정이 들었던 것이다. 시대의 변화와 그 무게를 감당하기에 아직은 너무 어렸던 탓도 있었을 테지만, 그때 다들 심정이 그랬던 것 같다.

지금 다시, 그 멧돼지의 심정이 뭐였을까 생각해 본다.

"겨울 산의 저녁은 유난히도 빨리 해가 진다. 어둠과 함께 뼛속까지 스며드는 차가운 바람. 저 멀리 들판 건너 어느 민가에서 저녁밥 짓는 연기가 올라온다. 그 창가 너머 그들의 가족과 행복이 너무나 그립다. 하늘에는 귀순을 권유하는 투항 삐라가 또 뿌려진다. 나도 이 삐라를 들고 저 난민대열에 들어가서 역사의 장기항전이나 준비해야 할까. 아니면 여기에서 자결해야 되는 것인가?" 이것이 이병주 씨가 쓴 《지리산》이라는 소설 속에 나오는 내 기억 속의 대목이다.

역사적 범주에서도 그렇지만 한 개인에게도 시대적 과도기의 혼란과 갈등은 견디기가 그리 쉽지 않은 법이다. 노무현 대통령의 경우도 마찬가지였을 것이다. 맨 처음 그를 일어서게 한 것은 매 맞아 시퍼렇게 손톱이 멍들던 학생들을 지켜 주고자 나선 마음이었다. 그렇게 인권변호사로서, 정의감으로 시작했던 일인데 어느 날 보니 그냥 정치꾼 노무현만 남아 있는 느낌이 들었던 것이다.

과연 이 길이 권력투쟁이나 하는 '정치인 노무현'이 되고자 했던 일이냐 하는 고민에서부터, 그럼 현실의 정치인이 하는 일이 권력투쟁이지 뭐란 말인가, 권력투쟁 안 하겠다면 다 거짓말이지 하는 데까지, 생각은 꼬리를 물고 이어졌을 것이다. 그렇게 결국 그가 도달한 결론은 현실의 권력투쟁에서 어떠한 가치를 들고 정치를 할 것인가 하는 문제였다.

당시 노무현 대통령은 현실의 권력투쟁에 들고 나설 이데올로기와 담론이 필요했다. 지방자치, 정의, 다양성, 지방화 시대 등의 여러 가지 논리를 갈구해 가면서 그는 정치꾼이 아닌 진정 역사를 변화시키는 정치인으로서 자기를 정립해 가고 있었다.

그 부단한 노력의 일환이 이 지방자치실무연구소였다. 또한 이후 봉하 마을로 내려가 진보의 가치를 이야기하는 노무현으로까지 이어져 간 것이다.

권력에 의해 시퍼렇게 두드려 맞던 젊은이들에 대한 정의감과 분노로 그의 길이 시작되었다면, 나 안희정은 1980년에 《전태일 평전》을 읽거나 대전역 앞 광장에서 하루에 30원씩 받아 먹고살아가는 넝마주이 지게꾼들을 보면서 싹든, 세상의 불공평에 대한 분노와 성의감으로 나의 길을 걷기 시작했다.

우리 세내 사람들은 공통적으로 두 가지 성향을 동시에 가지고 있는 것 같다. 민중에 대한 휴머니즘이 하나의 동력이라면 또 하나는 리버럴리스트적 성향이다. 유난히 구속받거나 억압받는 것을 견디기 싫어한다.

그러니까 386의 시대적 코드에는 자유주의적 성향과 민중주의적 성향, 이 두 가지가 늘 남아 있는 것 같다. 간혹 이 민중주의적 성격을 포기하고 자유주의적 성격만 가지고 있는 사람들이 오늘날 한나라당도 하고, 극단으로 치닫고 하는 것 아닌가 하는 생각이 든다.

언제나 그랬듯이, 나의 맨 처음 마음을 돌아보는 질문의 끝은 늘 새로워진 시작으로 이어지곤 한다. 나는 내 길의 올바름에 대해 여전한 확신을 가지고 있다. 간혹 눈 내리는 벌판에 홀로 버려진 멧돼지의 심정이 될 때조차 더 이상 두려움과 공포에 사로잡혀 지레 쓰러지지 않을 만큼은 된 것 같다.

오래전 공포와 두려움으로 가득한 꿈속을 뛰쳐나와 울던 청년에서 나는 지금 어느새 자식들을 거느린 한 사람의 가장이 되어 있다. 한 집안을 책임지며 살아가는 나는 지금, 어른이다. 한 사회를 이끌어갈 중추의 역할을 맡고 있는 세대가 되었다. 절망과 분노의 시간을 지나온 지금, 나는 다시금 이 시대의 희망에 대해 이야기하고픈 심정이다.

이제 흩어져 있는 수많은 멧돼지들을 불러 모아야 할 것 같다.

역사가 진보하는 원리

언젠가 노무현 대통령과 나누던 대화 중 기억나는 것 하나가 있다. '과연 역사가 진보하느냐' 하는 문제였다. 당시 나는 여전히 그 '꿈속의 멧돼지'에 대한 고민을 하고 있던 상황. 허공에 대고라도 온갖 질문과 나의 갈 길을 묻고 싶던 시절이었다.

"정말이지 역사가 진보하는 건지 모르겠습니다. 세상 다 그 타령인 것 같고, 다 인간 양아치들 같고 말이죠…."

그랬더니 대통령이 그때 아주 명답을 해주셨다.

"어이, 사람은 세 살 버릇 여든까지 가. 사람은 안 바뀌어. 그래서 개체로서의 인류는 절대로 진화 안 해. 그런데 유적 존재로서의 인류 역사는 늘 진보해 왔다구. 이거 웃기잖아? 한 사람으로 보면 세 살

버릇 여든까지 가는 게 한 인생인데, 그 사람들이 모여 이루는 역사는 어떻게든 진보해 간다 이거야."

그러면서 그분은 이렇게 덧붙이셨던가?

"진보주의자들은 이 유적 존재로서의 인류사가 진보한다는 믿음을 가지고 살아야 하는 것 아닌가?"

그때 나는 뭔가 반박을 하고 싶은 심정으로 이런 얘기를 시작했다. 조정래의 《태백산맥》에 나오는 얘긴데, 신입 빨치산이 하루는 염상진한테 "아니, 나는 빨치산 이거 실망했어요. 어떻게 빨치산 대원들이 남의 집 걸 훔쳐 먹고 몰래 무도 빼 먹고 그러냐고요. 나 빨치산 괜히 들어왔네요"라고 불평했다. 그러니까 그 염상진이 "야, 사회주의 혁명이 위대한 건 그런 불완전한 사람들이 만드는 꿈이기 때문이야" 하고 말한다.

개별 인간의 모습에 실망하지 말고 역사에 대한 낙관을 늦추지 말자는 말. 맞는 말이다. 그게 맞는 말이기는 한데…. 사람에 대한 실망. 그렇고 그런 인생들이 뒤섞여 살아가는 우리 모두의 삶에 대한 회의… 참으로 괴로웠던 시절이었다.

1990년대 초반 우리의 상황은, 막무가내로 변질되어 가는 개별의 모습이었다. 이념이고 역사의 진보고 다 팽개치면서 인생 막차 탄 기분으로 너도 나도 막살기 시작했을 때였다. 그런 상황이 나로 하여금 더욱 차갑고 부정적인 시선으로 주변을 바라보게 했던 것 같다. 역사에 대한 냉소 섞인 의문이었다.

그때 노무현 대통령이 되묻는다. 그렇게 생각한다면 정치꾼 중 하나일 뿐인 당신은 그럼 무엇으로 버티느냐 하는 것이다. 당신의 신념, 옛날 노동자들의 계급정당을 만들어서 소외된 계급이 행복할 수 있는 사회를 만들자던 자신의 주장은 도대체 뭐였냐 하는 것이다. 과연 이 모든 것이 변절이고 배신이라면, 우리는 무엇을 가지고 이 모든 걸 판단할 수 있겠는지를 묻는 것이다. 오래도록 내게는 참으로 어려운 문제였다. 그러나 이 문제를 넘지 않고는 어떤 쪽으로든 나갈 수가 없는 문제이기도 했다.

대답을 찾아주는 대신 그분은 스스로가 어떤 정치인으로서 역사적 책무를 다해 나갈 것인지를 행동으로 보여주셨다. 그때부터 지방자치, 진보, 다양성, 민주주의라는 가치를 어떻게든 재구성하기 시작했다. 그리고 현실 속에서 실현해 나가고자 하는 노력을 중단하지 않았다.

2007년 초 '정치라는 건 대의도 있고 대세도 있다'고 말씀하신 바 있다. 어차피 세상의 역사는 대의만 가지고 가는 건 아니며, 대세라는 것도 있다는 엄혹한 현실을 정치인 노무현은 그때 스스로 터득하고 계셨던 것이다.

우리에게 지방자치실무연구소를 했던 기간은 바로 그런 현실 정치인으로서의 고민이 폭발되고 정리되는 시간이었다. 인권운동가 노무현으로부터 시작했던 그의 1차적 자기배신이 1988년 국회의원이 되는 것이었다면, 다시금 '정치인 노무현'으로서의 전환은 1993년부터 시작된 것이다.

바로 이 지방자치실무연구소 때의 무수한 고민과 그 문제의식의 축적과정을 통해서, 또 1996년의 패배를 통해서 그는 점차 올바른 역사관을 지키면서도 한쪽으로 치우치지 않는 균형 잡힌 정치지도자로서 정립되어 가고 있었다.

80년대의 자부심을 놓치지 않는 정치인의 길

평생 그분을 가까이서 모시던 사람들이라 해도 이광재 씨가 기억하는 노무현이 다르고, 유시민 씨가 생각하는 노무현과 이해찬 씨가 생각하는 노무현에는 각각 차이가 있을 수 있다. 형제간에도 어릴 적 부모님을 기억하는 게 다 제각각인 것과 마찬가지다. 모두가 자기 몸 어딘가에 붙은 오목거울에 들어가는 것만 얘기하는 것이다. 볼록하게 나온 쪽, 그 담기지 않은 부분에 대해선 누구도 알 수가 없기 때문이다.

이광재 씨에게 정치적 리더십과 관련된 노무현 대통령의 기억들이 많다면, 나는 조금 다른 관점에서 그분의 모습을 기억하고 있다. 나는 80년대의 이념과 자부심을 놓치지 않는 정치인의 길이 무언가에 대해서 계속해서 고민했던 사람이다. 그렇기에 바로 그런 점에서 바라본 노무현 대통령의 모습을 주로 기억하고 있는 것이다.

혁명운동에 대한 이념적 가치와 자부심을 잃기 싫어하는 놈이 바라본 노무현 대통령은 항상 나의 그런 문제의식에 대한 답을 내려주던 정치가였다. 그는 그 시대정신을 잃지 않고 살아가는 정치의 길을 현실 속에서 늘 보여주는 정치를 했다.

2002년도 강원도 경선을 끝냈을 때의 일이다. 우리는 거기서 7표 차로 이겼다. 그 7표 차 승리의 의미를 여기서 다시 말할 필요는 없을 것이다. 승리를 확인한 후 관광버스를 타고 춘천 공설운동장에서 시내를 관통해 경춘가도로 나오던 즈음에, 대통령이 갑자기 광주항쟁 시민가를 부르는 것이다. 그러면서 하시는 말씀이 “우리 이렇게 살금살금 기어가서 이 사회를 엎어 버립시다” 하시는 것이다.

순간, 나의 가슴이 확 뚫려 버렸다. 그 감격의 이유와 절실한 마음이 그대로 내게 전해져 왔다. 바로 이런 것! 젊은 날 인생을 다 바쳐도 좋다고 믿었던 그 신념이, 바로 이런 분을 통해 이렇게 자꾸자꾸 성취되고 있다는 믿음을 주었던 것이다. 그 이전에도 그 이후에도, 그는 항상 내 고민의 한가운데서 살아 있는 역사의 기준이 되어 주었고, 나는 그런 분의 존재가 있어 무너지지 않을 수 있었다.

그는 혁명이 아니면 산 속에 들어가서 명예나 지키며 살자던 대한민국 개혁진영의 슬픈 역사를 극복해 내고 있었다. 나는 그런 모습을 진심으로 좋아했다.

노무현이 당파적 지식인과 달랐던 점

1990년 3당합당 이후 이 지방자치실무연구소를 운영하던 시절은 노무현 대통령에게 아마 '민주주의'와 '시민'이라는 개념을 심어준 때였을 것이다. 그 이전까지 그를 움직였던 기본동력은 인권과 노동자, 계급, 민중, 전선 등의 개념들이다. 그것으로 시작하여 13대 국회까지는 오셨는데, 그 후로부터는 민주주의, 시민, 지방자치, 다양성 등의 개념을 정립해 가기 시작했다.

당시 1993년부터는 김영삼 정부가 출발한 시기였다. 그러니까 지방자치실무연구소가 있었던 기간은 김영삼 대통령의 집권기간이기도 하다. 그가 진짜 호랑이를 잡으러 들어갔건, 야합을 했건, 그 명분과 정치적 수사야 어쨌건 상관없다. 이 땅에 '문민대통령'이라며 최초로 등장했던 그 정부가 과연 어떤 민주주의와 어떤 변화를 가져올 수 있는가에 대해서 대통령은 특히 관심 있게 지켜보고 있었다.

1996년 말 한보 청문회 때의 일이다. 해마루 합동법률사무소에서 정계은퇴 선언을 하고 가셨던 그 양반이 그 TV 토론회를 나가겠다고 했다. 그러면서 나한테 자료를 좀 부탁한다고 하시는 것이다. 대체 거길 왜 나가려고 했던 건지, 내가 봤을 때는 단순히 김현철을 비판하러 나가는 건 아닌 것 같았다.

사실상 그게 문제의 본질은 아니었기 때문이다. 결국 그분은 한국의 수구 기득권 세력과 조·중·동이 어떻게 문민정부의 모든 업적을 훼손시키려 하는가에 대해 말하고 싶었던 것 같다. 문제는 김현철의 부패와 부도덕함이 아니라 김현철의 전화 한 통으로 엄청난 거액의 대출이 가능할 수 있는 이 나라의 시장구조와 그 제도 자체에 책임이 있는 것 아니냐를 말하고자 했던 것이다.

나는 웬만하면 나가지 마시라고 만류했지만, 결국 안 나가실 분이 아니었다. 내가 그걸 TV로 보지는 못했지만, 아마 별 재미는 못 봤을 것 같다. 왜냐하면 당신이 말하고자 했던 메시지를 던질 찬스는 아마도 그 자리에서는 안 나왔을 것이기 때문이다.

대부분은 다시금 드러난 희대의 권력형 비리에 대해 우르르 성토하거나, 그 뻔한 권력형 비리 하나 제대로 파헤치지 못하는 국회 청문회 제도의 부실함에 대한 얘기를 하는 게 전부일 뿐, 그 문제의 본질적 성격에 대해서 얘기할 수 있는 주제토론은 아니었기 때문이다.

어찌 됐든 문민정부에서 변화된 사항들이 꽤 있었다. 하나회도 해체하고 금융실명제도 하고 진교조도 만들어지고, 1995년도 5·30 교육개혁안 같은 것을 보면 내용상 꽤 잘 만들어진 것이었다.

노무현은 그런 변화들을 유심히 살폈다. 이쪽 진보진영의 명망 있고 그나마 괜찮다는 사람들이 내각에 들어갔는데 과연 그 결과들이 어떤 식으로 귀결되는가를 봤을 때, 적지 않은 변화를 이뤄내고 있음을 본 것이다. 그런 현실들이 노무현 대통령의 눈에는 예사롭게 보이지 않았다.

또한 그는 '김영삼 씨가 어떠한 대통령이 됐는가? 김영삼 씨는 성공했는가, 실패했는가? 김영삼 씨가 성공한 것이 있다면 어떤 대목인가?' 하는 문제들에 대해서 굉장히 집중적으로 고민했다.

그때 내가 대통령한테 가장 많이 들었던 얘기는 주로 "권력이란 무엇인가? 권력이 부패하지 않으려면 어떻게 해야 하냐?" 하는 얘기들이다. 또한 "권력은 공정해야 한다. 권력이 공정해지려면 어떻게 해야 하냐? 투명해야 한다. 권력이 공정하고 투명하려면 어떻게 해야 하냐? 견제와 균형이 있어야 된다. 견제와 균형이 있으려면 어떻게 해야 되냐? 세력 간의 균형이, 파워의 사회적 균형이 맺어지지 않으면 기본적으로 견제와 균형은 성립되지 않는다. 그러면 이 파워는 어떤 파워냐? 노동조합의 파워냐, 계급의 파워냐, 과연 무엇이겠느냐?" 하는 논리구조를 이어가며, 그는 끊임없이 고민하고 있었다.

그러니까… 무슨 래퍼 같기도 했다. 같이 점심을 먹으러 가도, "그렇지, 그렇지!" 하며 얘기를 하시는데, 다양성·세계화·지방화… 뭐 이런 온갖 주제들에 대한 강의를 다 하는 것이다. 이제 내일모레면 당신이 강의를 나가야 하는데 한번 좀 들어보라는 거였다. 그때는 그저 그런가 보다 하고 그냥 듣고 있었는데, 지나놓고 생각해 보니 그때 그분이 말씀하셨던 것들이 모두 참여정부 때의 국정목표와 관련된 것들이었다.

실질적으로 정치 9단이라는 김영삼 대통령이 국정을 운영했을 때 어떤 문제가 노정되었는지도 그는 살폈다. 정치 9단으로서의 각종 기술을 배웠을 것 같지는 않다. 노무현 대통령으로서는 모두 싫어하는 기술들뿐이니. 문제는 김영삼 대통령 역시 고질적인 권력의 문제, 측근비리의 구조로부터 못 벗어나더라는 것이다. 왜 그랬을까? 그렇게 노회한 정치인조차 빠져나갈 수 없도록 만드는 그 괴물의 정체는 과연 무엇일까 하는 고민을 그는 계속 했다.

김대중 정부 때는 정책적 과제들을 워낙 많이 제시해 놓은 시대였다. 다른 여러 문제들도 그랬지만, 그는 특히 노동시장 유연화 정책 같은 문제들을 유심히 보고 있었다.

지금 생각하면 참으로 잊을 수 없는 그분의 말씀이 하나 있다. 그 때도 "희정 씨!" 하며 부르더니, 이렇게 말씀하셨다. "아니 왜 검찰이나 이런 권력을 조자룡의 헌 칼 쓰듯이 쓰고 싶어 하지, 사람들이? 저 검찰 믿고 있다가 저놈들한테 또 찔려 죽는 건데, 뭐 하러 저기다 자기 사람 앉히려고 저 난리인 걸까? 과연 그걸로 문제가 풀리는 걸까? 대통령의 통치력이라는 것이 과연 그런 걸로 유지되는 걸까?"

누군가의 말대로 그 이전의 모든 대통령은 대통령이라는 이름의 임금님이었을 뿐, 노무현 대통령 입장에서는 실질적으로 명실상부한 대통령의 위치와 지위를 고민한 것은 김대중 정부 시절을 통해서였던 것 같다.

김영삼 때도 그렇고 김대중 때도 그랬고, 여소야대 국면이 되면 다들 야당의원 빼오기를 했는데, 그러면 의회권력은 무엇이란 말인가? 이것에 대한 나의 생각은 무엇인가? 내가 소수당이라면… 하는 고민들을 하던 끝에 노무현 대통령은 책임총리제를 생각해 냈다. '그래 다수당한테 주자. 다수당한테 주고 그 문제를 어떻게 풀지 방법을 찾아봐야 되겠다' 하는 생각이었을 것이다.

이렇게 김영삼, 김대중 대통령 시대가 노무현 대통령에게는 대통령학과 통치철학의 반면교사가 되었던 셈이다. 청와대 권력과 대통령의 지위와 헌법적 역할들을 정리해 놓은 가장 핵심적인 키워드를 그는 김영삼, 김대중 대통령 시대에서 찾으려 노력했다. 왜냐하면 바로 대한민국의 오늘을 풀어가는 정치의 모든 것이 거기 다 들어 있기 때문이었다.

김영삼 대통령에 대해서는 '기회주의자의 성공'이란 측면에서는 분노했지만 그러면서도 절대로 미움을 가지고 모든 걸 보지는 않았다. 지난해 초만 하더라도 정동영 씨에게 민주당에서 공천을 주느냐 마느냐를 가지고서 시비가 붙을 때, 내가 돌아가신 대통령한테 물어봤다. "대통령이라면 이거 어떻게 처리하시렵니까?" 그랬더니 대통령이 나한테 거꾸로 이렇게 질문하셨다.

"뭐 내 마음은 내 마음대로 자네가 알 거고…, 정동영 씨 공천 주는 게 수도권 선거에 어떤 영향을 끼치는가?" 하시며 반문하셨다. 그 사람이 전주에 출마하도록 공천을 주는 게 수도권 선거에 구체적으로 어떤 영향을 미치느냐, 어떤 상관관계가 있느냐 하는 점을 충분히 검토해서 결정하는 일이 중요하지 밉고 예쁘고의 문제가 아니라는 것이다.

그러니까 대통령 입장에서는 자신에게 어떤 의도나 욕구가 있다 할지라도 그것을 합리적이면서 균형 잡힌 사고의 틀에서 들여다보고, 그래서 합리 타당한 어떤 설득구조를 갖고 토론하고 설득하는 일이 정치인 것이다.

그분의 특징이 항상 그랬다. 그것이 우리와, 아니 과거의 나와 굉장히 다른 차이점이다. 곧바로 그것은 당파적 지식인과 그의 차이점이기도 했다. 과거 한 시대, 프롤레타리아니 헤게모니를 배웠던 사람들 중 어지간한 사람은 죄다 당파적이다. 따라서 지금 진보민주주의를 말하고 있는 우리 중 대부분은 사실상 당파적 지식인들이다.

'진리가 어딨어? 진리는 다 당파적인 거야. 우리 편에 이익이면 그게 진리야.'

약간 과장 섞인 표현이긴 해도 이것이 20세기식 혁명관이며 역사관이고 사회관이었다. 하지만 이런 20세기식 낡은 사고로부터 자유로운 사람이 노무현 대통령이었다. 그의 눈에는 그런 당파적 기준을 가지고 행해지는 모든 편견과 이기적 행태들은 진보라는 이름표만 달았을 뿐, 무원칙하다는 점에서는 다 똑같았던 것이다.

나는 그분의 그런 모습이 너무도 매력적이었다. 백번 생각해도 그건 너무나 이치에 딱 맞는 얘기 아닌가.

노무현을 해석하는 방법

최근에 노무현 시민학교에 나가 강의를 했는데, 나는 노무현을 보는 기준을 크게 네 가지로 나눈다.

첫 번째는 '원칙과 상식주의자 노무현'이다. 이것이 노무현 이데올로기의 기본이다. 이 원칙과 상식은 진보라거나 정치하고는 상관이 없는 개념이다. 특히 그 자체는 정치와 별 상관이 없는 개념이기도 하다. 이것은 법제도와 정치체제가 만들어지는 우리 인류사회의 토대가 되는 개념이다.

우리 한국사회는 늘 특권과 반칙이 판을 치는 사회였다. 거기엔 사실상 여야도 없고, 네 편 내 편도 없다. 기회만 닿으면 뒤통수 때리는 것을 당연한 걸로 여기는 풍토 속에서 그는 가장 먼저 '원칙과 상식'을 들고 싸우기 시작했던 정치인이다.

두 번째는 '민주주의자 노무현'이다. 그러니까 사회주의 혁명이라거나 민중혁명을 속에 품은 그런 개념이 아니라, 그가 말하는 민주주의는 말 그대로의 그냥 민주주의다. 바로 우리 헌법정신이 이야기하는 민주주의인 것이다. 또한 서구 시민사회와 근대 헌법체계가 강조하고 있는 3권분립, 견제와 균형, 시스템과 제도, 그 사상으로서의 민주주의다.

그다음이 바로 '진보주의자 노무현'이다. 이것은 그가 마지막 순간까지 붙들고 있던 화두이기도 하다. 개별 인간은 부족하고 희망이 없어 보여도 유적 존재로서의 인간의 역사는 항상 진보해 나간다는 믿음을 그는 끝내 버리지 않았던 사람이다. 그렇기에 마지막 순간까지 우리가 이루어야 할 진보의 미래를 붙들고 밤잠을 설쳐 가며 토론하고 연구하셨다.

그럼 마지막으로 그를 정의할 수 있는 개념이 무엇일까? 원칙과 상식주의자, 민주주의자, 진보주의자 노무현만으로는 그를 온전히 설명하기에 부족해 보였다. 그래서 내가 하나 덧붙인 것이 '정치인 노무현'이다.

정치인 노무현은 앞의 세 가지 가치가 총화되어 현실에서 살아 움직이는 '노무현'이다. 날마다 원칙과 상식만 이야기하고 만다면 자식들 밥 굶기기 십상이다. 안 되는 것 같아 보이는 현실상황을 어떻게든 돌파해 나갈 어떤 힘이 있어야 한다. 그것이 바로 위 세 가지 개념을 적용하고 운용하는 역량으로서의 '정치'인 것이다. 정치를 마치 더러운 어떤 것처럼 치부하는 맹목적 순결주의로는 더 이상 진보의 미래를 책임질 수 없다. 그런 점에서 노무현 대통령은 누구보다 탁월한 정치인이었다고 나는 생각한다. 보수와 진보라는 양날의 칼을 맞으면서도 대한민국의 정의를 세우는 정치였다.

우리가 현실을 살면서 늘 배우는 건, 사실상 생존의 논리이다. 이긴 자의 역사, 살아남은 자의 역사만이 갈채를 받는 세상이다. 그렇기 때문에 대부분의 사람들은 모든 '살아남은 자'들, 그 빛나는 승리자들과 '이기는 싸움'에 대한 로망을 갖거나 부러워하며, 그것을 목표로 살아가고자 노력한다. 하지만 이 세상이라는 게 그런 승리자들의 역사로만 이루어지는 것은 아니다. 당장의 성과, 더 많은 연봉, 더 넓은 평수의 아파트만이 우리 삶의 꿈이 될 수는 없다.

흔히 정치영역에서 주제가 되는 것들은 '물적'인 것이 많다. 가령 느리게 살기, 덜 먹고 덜 소비함으로써 파괴된 자연생태를 되돌리자는 환경운동 같은 게 정치판에서 화두가 되기는 거의 불가능하다.

더 먹게 해주고 더 많이 성장하게 해주겠다는 얘기를 안 하는 선거는 기대하기 어렵다. 그러니 비물질적이거나 근본주의적인 주제들은 정치의 장에서 소화 가능한 주제가 아니라 정신운동의 영역으로 치부되는 것이다.

그런데 내가 말하는 '정치인으로서의 노무현'은 바로 정치판에선 잘 안 팔리는 가치들을 제기하고 나섰다. 또한 그것을 현실정치의 영역에서 풀어내고자 했다. 그는 원칙과 상식을 들고 정치를 말하던 사람, 그것을 지키는 것만으로도 진보의 방향임을 알게 했던 사람이다.

또한 그는 민주주의를 거리의 구호나 플래카드 속에서 끌어내어 우리 삶의 현장에서 꿈꾸고 누릴 수 있는 가치로서 접근시켰다. 사람 사는 세상에 대한 꿈, 더 좋은 민주주의를 실현할 과제로서, 깨어 있는 시민 자신의 문제로서 일깨웠다.

민주주의자로서의 노무현 이해하기

80년대 학생운동 출신으로서의 나는 스스로를 진보주의자로 규정하며 진보주의자로서의 노무현에만 매료될 때가 있었다. 내 눈에 처음 비친 그의 모습은 그 누구보다 신선하고 매력적인 진보주의자요 민주투사였다. 인권변호사로서의 모습, 청문회 스타로서의 모습, 또한 3당 합당에 맞서 당당히 '이의'를 제기하고 나서는 모습은 사람들의 마음속에 진보주의자로서의 그의 이미지를 각인시키기에 충분했다.

그런데 그랬던 그의 모습에 대해 회의하고 돌아서게 만들었던 일련의 행보가 있었다. 참여정부 때의 대연정 제안은 그중 대표적인 사건이 아닌가 한다. 측근이라던 나 역시 그랬던 측면이 많았다.

"아, 만날 대통령님만 옳아요? 그걸 지금 그렇게 하면…. 아, 물론 내가 이해는 하죠. 다시 또 의원들 빼내 올 수도 없고, 이제 곧 4월 보궐선거만 끝나면 의석이 과반수에서 더 줄어들 게 분명하니까…. 하지만 그렇다고 지금…."

답답했던 내 마음이 대통령께 그렇게 항의를 하고 있었다. 대연정 제안은 책임총리는 넘겨주고 어떻게든 정국돌파를 시도해 보자는 고뇌의 결과였지만, 거기까지는 나도 다 알지만, 이 진보주의자의 패싸움의 논리로 보면 그건 정말로 전통적 지지자들에게 배은망덕한 일이라고 공격받지 않을 수가 없는 일이었다. 딱 배신자라고 욕먹기 십상이었다. 그 점을 간과해서는 안 된다는 것이 나의 생각이었다.

이럴 수도 없고 저럴 수도 없고, 이래저래 답답하고 들끓는 심정으로 뒤채던 그날 밤에 나는 꿈까지 꿨다. 꿈속에서 나는 대통령한테 실컷 대들고 말았다. 만날 당신만 옳으냐고 말이다. 감옥 갔다 온 것도 억울해 죽겠는데 말이지… 대체 어쩌시려고….

그렇게 꿈속에다 대고 할 말 못할 말 퍼부어 댔는데, 아침에 일어나니 방에서 도저히 나올 수가 없었다. 꿈속에서라도 대통령에게 너무 불충을 저지른 듯해서였다. 내가 안방에서 나온다고 문 앞에 바로 대통령이 서 있는 것도 아닌데…. 침대에 누운 채로 윤태영 씨에게 전화를 했다. 어제 대통령이랑 그렇게 하고 너무 스트레스를 받아서 어젯밤에 꿈을 꿨는데, 내가 너무 심하게 대들어서… 혹시 대통령님 편안하시냐고.

그랬더니 윤태영 씨가 웃는다. 괜찮다고, 아침 잘 드시고 계신다고 했다. 다행히 대통령은 내 꿈을 엿듣지는 못했던 모양이다. 그날 나는 대통령에게 긴 편지를 썼다.

"대통령이 결정하시면 저야 무조건 따르죠. 저를 설득하는 게 문제겠습니까? 저를 설득하셔야 하는 분도 아니고, 결국 뜻대로 하실 분인데…. 하지만 제 입장에서 보면 이건 엄청난 혼란을 가져오게 될 겁니다. 사람들에게 적과 아군이라는 틀을 완전히 일거에 깨버리고 그나마 지금의 각 진보 정치세력들이 서 있는 모든 존립기반이 흔들리게 되는 일입니다. 성경이 삶과 존재의 전부인 목사님한테 '그 성경 다 가짜야!'라고 선언하는 것과 똑같은 겁니다, 대연정 제안은.

정말 이 상황을 당신은 어떻게 버틸 겁니까? 난 당신이 그렇게 안 했으면 좋겠습니다. 그런데… 하시더라도 나는 당신을 따르겠습니다. 어차피 역사가 투쟁인 것이니까요…."

그랬더니 대통령이 그 편지를 받고 회의 때 "또 안희정이가 그러는데 투쟁이라더라" 어쩌고 하시면서 내 이야기를 한참 하셨던 모양이다. 그만큼 대연정 제안은 내부에서도 여러 가지로 어렵고 복잡하고 힘든 사안이었다.

대연정 제안 시기에 내 마음속을 뒤흔들던 혼란의 정체는 과연 무엇이었는지를 생각해 보았다. 대통령이 그런 결정을 내릴 수밖에 없는 앞뒤 상황을 이해한다고도 하면서, 그래도 그렇게 하면 안 된다고 만류하고 나서는 내 마음은 대체 무엇이었던가?

어쩌면 나는 민주주의자로서의 노무현을 이해 못했기 때문에 그랬던 것인지도 모른다. 지금껏 내 자신의 정체성이라 여기고 있는 그 진보주의적, 아니 실은 정파적 관점으로 봤을 때는 민주주의자 노무현의 그 고민을 이해할 수 없었다. 그 문제는 진보주의적 가치나 진영의 문제만 가지고 이야기하면 도저히 설명이 안 되는 게 사실이다. 그런 결로는 '대의도 있고 대세도 있다'고 얘기했던 정치인 노무현을 이해할 수 없다.

누군가는 대통령이 잠깐 실수하신 거라고 생각하는 사람도 있을 것이다. 대통령도 사람이니 실수할 수도 있는 거라고 통 크게 이해해 주자는 식이다. 그런데 내가 볼 때 그것이야말로 노무현 대통령에 대한 크나큰 오해이다. 원칙과 상식주의자로서, 민주주의자로서, 진보주의자로서, 또한 정치가로서의 노무현은 그런 정도의 잣대로는 이해할 수 없다. 대연정 제안은 현행 대한민국 헌법체제 하에서 대화와 타협의 민주주의 정치를 이루어 보자는 노무현 대통령의 소신의 산물이었다. 대화와 타협의 민주주의, 가치와 노선과는 아무런 상관도 없이 지역정당의 패싸움 구조에 빠져 있는 대한민국 민주주의 현실에 대한 노무현의 도전이었던 것이다.

그는 당의 공천을 주고 안 주고의 문제에서도 늘 원칙에 충실했던 사람이다. 누군가의 눈에는 지나치리만큼 철저했고, 그래서 때론 답답해 보일 때도 있었을 테지만, 운동권 할 때 같이 활동했다는 인연 하나만 가지고 이쪽 편은 무조건 감싸 안고 저쪽 사람은 철새 정치인이라고 욕하는 식의 행태를 노무현은 용인하지 않았다. 철새행위를 했으면 그가 누가 됐든 철새인 것이다.

그 정도의 원칙도 못 지키는 정치라면 수구보수 정치세력이 수십 년간 흐려놓은 물을 정화할 능력이 없다는 증거이며, 결국 같은 수준의 정치인 것이다. 그만큼 이미 뒤틀어진 이 사회의 작동원리를 바로 펴는 일이 우선적으로 요청된다는 점을 그는 강조했다.

원칙과 상식이라는 사회적 자산을 가장 풍부하게 가지고 있는 사회가 훌륭한 사회이듯, 정치영역에서도 원칙과 상식은 가장 중요한 도구이다. 민주주의의 사상과 철학, 제도적 장치를 잘 발달시키는 나라가 근대적 민주주의를 이룩하는 것이고, 거기에 진보주의적인 콘텐츠와 영역을 넓혀 나가는 나라가 진보의 나라다. 그런데 이것만 가지고는 안 된다.

정치지도자가 있어야 된다. 두 가지 이상의 도저히 섞일 수 없을 것 같은 모순된 것을 한 몸에 껴안고, 그것을 한 형제로 묶어주는 그런 지도자가 있지 않고서는 민주주의니 진보니, 제아무리 대단한 가치들을 다 불러다 놔 봐야 아무 소용없다. 종국에는 정치지도자의 존재여부가 중요한 것이다.

민주주의자로서의 노무현은 정치적 과도기라고 했던 1993년부터 1996년까지, 지방자치실무연구소 시절을 통해 성립되었다. 이 3년간의 시간은 노무현 대통령에게는 국가권력과 민주주의적 견제와 균형의 원리, 그 견제와 균형의 원리를 성립시키는 사회적 세력의 균형 원리, 그 세력의 균형으로서 풀뿌리 민주주의와 시민사회에 대한 이야기들이 하나둘 정리되는 과정이었다.

무엇이 과연 민주주의인가를 어떠한 이념의 잣대 없이, 있는 그대로의 현실로부터 정립해 내는 과정이었다. 노무현 대통령의 참여정부에 대해 '좌측 깜빡이 켜고 우회전'이라 비판했던 사람들과 특히 토론하고 싶은 대목이다.

양복 입은 사람들 가운데 점퍼 입은 한 사람

노무현이 처음 세상에 등장한 모습은 누구보다 치열한 운동가로서의 모습이었다. 억울하게 매 맞는 사람, 부당하게 감옥에 간 사람들을 위한 종횡무진의 활약은 누가 봐도 '80년대 활동가'로서의 모습이었다.

그러나 출세한 변호사였던 그를 현실운동의 장으로 나서게 한 근본동력은 인간에 대한 그의 정의관이었을 뿐 특정 정파의 이론과는 무관한 것이었다. 부당한 지배에 고통받는 사회적 약자의 손을 잡아

주는 정의관을 받아들인 것일 뿐 사회주의 혁명이론을 받아들인 것은 아니라는 것이다. 물론 우리 진보주의 진영의 큰 지도자로서의 노무현이라는 측면도 한편으로는 가능하지만, 처음부터 당파적 지식인들과 다를 수밖에 없던 그의 면모는 조금은 확장된 개념에서 해석해야 옳다고 생각한다.

국회의원을 하면서도 그는 의사당 앞에서 농성하고 있는 노동자들을 볼 때면 차 뒤로 숨고 싶었다고 회고한 바 있다. 노동자들의 처절함 앞에서 왠지 자신의 금배지가 무슨 큰 죄인 것만 같은 심정이 들었던 것이다.

그러나 그는 그들 앞에 숨는 것도 무심한 듯 지나치는 것도 그 노동자들과는 별 상관없는 행동일 뿐 결국 아무런 의미가 없다는 것을 깨달았다. 필요한 것은 '그래서 대안이 뭐냐'는 것이다. 그것을 찾는 것이 그의 할 일이었다. 그것이 바로 민주주의, 진보주의, 원칙과 상식, 사람 사는 세상이었다.

사실 1998년 IMF 때도 그는 똑같은 고민을 했다. 그는 노동특보 자리를 달라더니 1998년 1월 정초부터 버스 하나를 빌려서 전국을 돌아다니며 설득에 나섰다. 그는 여러 노동현장들을 다니면서 '정리해고를 받아들이라'고 설득했다. 노동현장의 사정을 모를 리 없는 그로서는 쉽지 않은 얘기였다. 하지만 그편이 이렇게 막무가내로 싸우는 것보다 훨씬 이득이라고 설득했다. 지금 명분만을 가지고 싸우면 답이 안 나온다는 것이다. 그런 싸움으로는 민주정부 아니라 민주정부 할아버지라도 사실상 답이 없는 이 상황을 못 막는다는 얘기였다.

이때는 확실히 실용주의자 노무현의 모습이 엿보인다. 하지만 이렇게 단편 단편의 어떤 모습을 놓고 중도니 진보니 보수니로 그를 재단해서는 안 된다. 노무현 대통령이 우리에게 보여주려고 했던 영역은 원칙과 상식이라는 토대의 영역이었다. 기존의 어떤 잣대 하나를 놓고 함부로 돌을 던지는 행위에 대해 나는 동의할 수 없다.

그러려면 최소한 당면한 대한민국의 총체적 상황 자체에 대한 이해 속에서 각각의 계급이 취해야 할 태도를 염두에 두면서 국가를 운영하는 책임자의 시각에서 답을 내려야 한다. 서로 부딪치는 이해관계와 갈등을 해결하는 정치적 대안을 놓고 얘기할 수 있을 때 비로소, 책임 있는 정치를 시작할 수 있다고 나는 생각한다.

그는 운동권 특유의 거대담론 논의를 유독 싫어했다. 그런 분이 이상하게 안희정을 만나면 "저놈은 만날 역사 얘기만 한다"고 하면서도, 내 얘기는 그래도 예쁘게 많이 들어주셨다. 나 역시 가끔은 허황된 거대담론을 즐기는 편인데도 말이다. 서로 통하는 영역이 있었기 때문이라고 생각한다. 그것이 어느 대목이냐면, 나와 노무현 대통령의 기질이 많이 닮았던 것 같다

혁명이란 의미에 대한 나의 소신은 '비주류가 주류가 되고, 주류가 비주류가 되는 교체'이다. 그러나 우리 한국사회에서 그런 역사는 한 번도 없었다. 지금까지의 혁명이라고 하는 게 사실상 개천에서 용 난 놈이 겨우 주류의 말석 성노에 끼어 가지고 밥 얻어먹는 정도 아니었는가 싶다. 그것은 개인적 출세일 뿐 세상의 변화와는 아무 연관이 없는 이야기다.

나는 그분께도 그렇게 말씀드린 적이 있다. 당신께서도 계속 그 언저리에서 살았더라면, 고시 패스해서 판사 되고 변호사 되고, 주류사회의 언저리에서 밥 얻어먹는 짝퉁 주류나 되었을 거라고. 경기고도 서울법대도 나오지 않고 그냥 어쩌다 부산상고 나와서 고시 패스한 그 젊은 노무현은, 평생 법조계 어딘가의 구석에서 주류 흉내나 내며 그냥 밥 먹고 살았을 거라고.

실제로 한국사회는 노무현 같은 사람에게 절대 그 이상을 허용하지 않았다. 심지어 그가 대통령 후보가 되었을 때도 신문사 정치부장이란 사람들이 노무현 후보에 대해서 예의를 안 갖추는데…. 우리 사회는 여전히 눈에 보이지 않는 신분상의 반열이 존재하고 있었다. 그리고 그 반열의 서열은 노무현에게 한없이 가혹하게 적용되었다.

나에겐 한국사회의 특권계급 질서에 대한 비주류로서의 거센 저항과 도전정신이 있었다. 바로 그런 점에서 나는 노무현 대통령과 기질이 통하는 데가 있었다고 생각한다. 사실 이런 얘기는 드러내 놓고 말하기가 좀 뭐한 거였다. 내가 그렇다는 것이야 전혀 문제될 바 없으나, 이렇게 말하면 대통령이 너무 작아지는 것 같아서다. 단지 이것은 내가 존경하는 노무현 대통령의 한 모습일 뿐인 것이다.

그가 고시에 패스하고 나서 동료 연수생들과 함께 찍은 사진이 하나 있다. 그들은 모두 사법고시를 패스한 사람들, 이 사회의 한 자리를 당당히 따놓은 축복받은 사람들이다. 사진을 보면 말쑥한 양복차림의 그 젊은 예비법조인들 사이에 점퍼차림의 촌스런 청년 한 사람이 웃고 있다. 그가 바로 노무현이다.

고시까지 합격한 마당에 아무리 없다고 양복 한 벌쯤을 정말 준비 못했던 건지, 우연히 그날 입은 옷이 하필 그냥 그랬는지는 모른다. 그러나 그 한 장의 사진이 상징하는 바를 대부분의 평범한 사람들은 단박에 알아볼 수 있다. 대통령 서거 이후 공개된 그 한 장의 사진을 보는 순간 사람들의 마음이 울컥했던 이유는 바로 여전히 건너지 못할 우리 사회의 서열과 특권의 질서 때문이 아니었을까.

그 역사를 나는 더 이상 반복하고 싶지가 않았다. 바꾸려면 확실히 바꿔야 한다. 비주류가 주류 되고, 주류가 비주류 되는 정도의 변화여야 한다. 그렇게 판 자체를 바꿔야 혁명인 것이다. 다만, 나는 아직도 그런 혁명의 이상을 버리지는 않았지만, 과거와 같은 20세기적 혁명의 방법은 더 이상 채택될 수 없다고 생각한다.

실제로 정치인들 중 노무현을 진심으로 인정하는 사람이 과연 누가 있었는가? 늘 물가에 내놓은 아이처럼, 자기가 뭔가 훈수를 두어야겠다고 생각하는 것이 그에 대한 일반적 시선이었다.

"연설 하난 잘하네. 그런데 위험해, 내가 좀 데리고 가르쳐야겠어."

이것이 민주당 동료의원들의 일반적 태도가 아니었나 싶다. 심지어 그가 참여정부 대통령이 되어서도 그러한 시각의 흐름은 여전한 듯 남아 있었다. 그게 어디서부터 기인하는 것이겠는가?

특권의식이다. 한국사회의 그 유별난 특권의식 때문에 생겨나는 현상들이다. 고등학교, 대학교의 인맥에 기초한 엘리트의식으로 뭉친 자들이 끝내 한국사회에서 패거리를 만들어서 싸우는 것이 우리 사회의 지역주의 정치이고, 이런 정치구도 내에 노무현은 절대로 낄 수가 없는 것이다.

그런 점에서 노무현 대통령은 본질적으로 신라시대 육두품 같은, 혁명을 안 할 도리가 없는 존재적 기반을 갖고 있었다. 나는 그런 노무현 대통령과 같은 코드를 가진 사람이었기에, 그리고 그것이 옳다고 믿었기에 계속 함께 그냥 함께 흘러갈 수 있었다.

이것은 논리가 아니다. 논리면 차라리 쉽다. 토론을 통해서 풀릴 수가 있으니 말이다. 하지만 논리로써 설명되지 않는 그 간극에는 눈으로는 볼 수 없는 깊은 역사적인 강들이 흐른다. 그것은 지금도 여전히 우리 사이를 흐른다. 기어코 그 강을 거슬러 오르려는 꿈을 나는 포기하지 않겠다. 특권과 반칙의 역사를 거두고자 했던 노무현 대통령과의 약속이다.

새로운 시대의 영감과 꿈을 위하여

CEO대통령이 유포한 환상

참여정부가 막을 내리던 시점, 우리 사회는 역사의 방향을 잠시 과거로 돌리고 있는 듯한 분위기였다. 2007년의 대선구호는 1970년대로 돌아간 듯했다. 이명박 후보가 내걸었던 'CEO 대통령'은 표현만 조금 세련된 '잘살아 보세'의 변주였다.

'잃어버린 10년'을 외치는 그들의 목소리에 역사의 진실은 묻혀 버렸다. IMF를 불러 나라를 통째로 팔아먹은 당사자가 바로 그들이었다는 사실도, 그 주역들이 이명박 후보를 중심으로 똘똘 뭉쳐 있다는 것도 보이지 않았다. 보수세력과 조·중·동이 함께 부르던 마법의 주문은 민주정부 10년 동안 IMF를 극복하고 국민소득 2만 달러, 주가 2000의 경제성장을 이루었다는 사실조차 국민들의 머리에서 사라져 버리게 만들었다.

그리고 단지 잘살아 보자는, 오래된 구호 하나로 CEO 출신의 이명박 후보가 압도적 차이로 당선되는 상황을 맞았다.

그리고 2년이 지났다. 지난 2년을 지나며 국민들이 느끼고 있는 것은 깊은 상실감이다. 특정 학교, 특정 교회, 특정 지역 출신들이 권력을 장악하는 세태를 두고 '고소영'이라는 신조어를 만들어 냈다. CEO 대통령 내각답게 재테크에 능한 각료들로 채워져 얻은 별명이 '강부자 내각'이다.

누구를 보고 양극화의 주범이라 말하려는가? 그들이 펴는 정책마다 잘사는 사람은 더 잘살고 못 사는 사람은 거리로 내몰리는 선명한 대치선이 그어지고 있다. 법치를 주장하지만 힘없는 서민과 정치적 반대자에게는 칼같이 적용되는 법치요, 측근이나 자기 수족에게는 물같이 적용되어 갈등과 혼란만 부추기는 법치였다.

이제 사람들은 혼란에 빠졌다. 잘살아 보자고 따라오기는 했는데 잘사는 것이 무엇인지, 어떻게 해야 잘사는 것인지에 대한 근본적 질문부터 다시 시작해야 하는 판국에 이르렀다.

그렇다면 그들이 살려내겠다던 경제는 지금 어찌 되고 있는가? 민주주의는 시장경제의 가장 기본이 되는 원리이다. 시장이 건강하기 위해서는 민주주의가 발전해야 한다. 그런데 이명박 정부로 인해 우리의 민주주의는 다시금 위기를 맞고 있다.

왜 IMF가 왔을까를 생각해 본다. 기술이나 재무구조 등 기업의 상태를 잘 살펴보고 기업의 미래전망을 꼼꼼히 살펴 이루어지는 대출은 하등 문제될 것이 없다. 그것이 자유시장경제에서 이루어지는 정상적 과정이다. 그러나 권력 중심부에서 걸려온 전화 한 통으로 막대한 자금의 대출이 이루어지고 이것으로 기업들의 부실이 늘어나면, 결국 나라경제는 무너지게 되는 것이다. 그런 정경유착의 폐해는 민주주의와 시장경제의 왜곡으로 이어진다. 수십 년 동안 통용되던 우리 경제의 어두운 한 단면이었다. 우리는 그런 반칙과 특권에 맞서

부단히 투쟁했으며 민주정부 10년의 과정을 통해 그것이 청산되었다고 믿었다.

그러나 이명박 정부는 역사의 시계를 삽시간에 10년 전으로 돌려놓는 데 아무런 거리낌이 없었다. 사라진 줄 알았던 과거의 관행을 복권시켜 놓는 데에 그들은 아무런 주저함이 없었다. 역사발전의 과정에서 이미 상식으로 굳어진 명제들을 부정하고 자신들의 잃어버린 10년, 잃어버린 특권의 시대를 착착 복원해 가고 있는 중이다.

믿을 수 없는 일이다. 민주주의를 얻어내기 위해 우리는 반독재 민주화투쟁을 전개했다. 장기집권 저지를 위해 투쟁했고, 공명선거를 쟁취하기 위해 싸웠다. 헌법이 보장하는 좀더 나은 삶을 향한 자유와 인권을 위해 많은 사람들이 희생했고, 결국 승리했다. 부정과 부패, 특권과 반칙의 시대를 무너뜨리고 지금의 대한민국을 만들었다. 그런 점에서 부모세대들의 산업화 못지않게 386세대의 민주화투쟁은 대한민국의 진보를 이루어낸 주역으로서 인정받아야 한다.

독재자를 쫓아내고 부패한 자들을 가려내야 했던 지난 투쟁은 민주정부 10년을 지나면서 더 이상의 효력을 상실했다. 그러나 다시금 우리 눈을 믿을 수 없게 만드는 사태들이 벌어지고 있다. 선거로 뽑힌 중앙권력은 법치를 내세우면서 그 법치를 약자에게만 적용하고, 절차적 민주주의는 하루가 다르게 훼손되어 가고 있는 실정이다. 사법부가 대통령 권력 앞에서 초라해지고 있고, 입법부의 다수파가 대통령의 허수아비로 전락하고 있다. 역사가 눈에 띄게 빠른 속도로 퇴보하고 있다.

이 모든 문제의 핵심에는 '권력의 집중화'가 있다. 또한 중앙에 집중된 권력은 필연적으로 지방의 소외를 낳고 양극화를 심화시킨다.

그 현상이 지금 세종시를 통해 그대로 드러나고 있다. 문제의 해결책은 분권에 있다. 반독재 민주화투쟁으로 민주주의를 이뤄 냈다면 이제 우리는 지방 모두가 잘사는 지방분권 시대를 만들기 위한 투쟁을 벌여야 한다.

중앙정부에 집중된 권한이 지방에 골고루 나눠지는 분권이 필요하다. 권력은 모여 있으면 부패하지만 분산되면 투명해지고 합리적으로 작동한다. 지난 반독재 민주화투쟁을 넘어 지방 모두가 잘사는 분권을 향한 새로운 길을 찾는 것이 2010년 우리 시대의 아이콘이 되어야 한다.

1995년의 지방자치, 그리고 2010년의 고민

지방자치가 우리 민주주의의 다음 과제로서 등장한 지도 벌써 오랜 시간이 흘렀다. 지방자치실무연구소 시절의 경험 덕분에 나는 지방자치의 의미를 정립해 갈 수 있었다. 종횡무진 현장을 누비던 과정에서 겪었던 크고 작은 성과는 물론 그간 겪었던 시행착오들마저 값진 교훈으로 남는, 내겐 가장 역동적인 정치학교였다.

막 첫걸음을 떼기 시작한 지방자치 시대의 초입부터 어느 정도의 역사를 축적하게 된 최근에 이르기까지의 과정을 지켜보며 들었던 확신은, 바로 이 시점에서 들어야 할 정치적 깃발이 바로 분권과 자치를 위한 투쟁이라는 것이다. 이명박 정권으로 인해 벌어지는 정치적 상황은 지방분권 투쟁의 절박성을 더욱 역설하고 있기 때문이다.

지방자치 초기단계는 일부 행정이전의 역할을 담당하는 선에서 이루어졌다. 실제로 2기 지방의회와 1기 단체장 선거로 이어지던 지방자치는 사실상 걸음마 단계였다. 열린 자치의 공간이지만 우리는 그

속에서 충분히 실효성 있는 주민자치의 역사를 다 이루지는 못하고 있었다. 주체적 역량의 미성숙과 제도적 보완의 문제에서 확연한 진전을 이루지 못했기 때문이다.

초기 지방자치 현장에서 접해본 현실은 상당히 비관적이었던 게 사실이다. 중앙정부의 지방자치에 대한 의지는 과연 있는지조차 의심될 정도였고, 정치적 힘의 논리에 따라 부침을 거듭했다. 중앙정부는 근본적으로 권력의 분산을 원하지 않았다. 권력분산은 곧 중앙권력의 약화라는 등식을 적용한 탓이다. 따라서 실질적인 지방분권을 위한 제반 조치를 실현하는 일에는 극히 미온적이거나 거부의 입장을 분명히 했다.

지방 또한 중앙정치의 눈치나 보는 수준을 벗어나지 못하는 활동에 머물렀다. 준비의 부족도 있었고, 경험의 미숙도 있었다. 그러나 무엇보다 중요한 문제는 지방자치의 가치와 역사적 의미에 대한 이해 정도가 낮았다는 것이다. 그러니 중앙에서 알아서 내려주는 은전을 기다리는 것 이상의 활동을 상상하지 않았던 것이다.

지방자치를 시작하고 일부 권한의 행사가 가능하게 된 지방의 상황도 크게 다르지 않았다. 얻은 권한을 행사하는 대리인과 그것을 사용하는 시시사 산의 기본적인 합의도 없었으며, 그러한 합의를 이끌어 낼 최소한의 틀조차 마련되지 못한 상황이었다.

지방의회란 것도 대체적으로 지방유지나 건설, 토건업자들에게 넘어가는 것이 대부분의 현실이었다. 이런 상황에서 제대로 된 지방자치를 기대하기엔 갈 길이 너무 멀었던 것이다.

1995년도에 함평에서 전국농민회 간부를 대상으로 한 강연회가 있었다. 황토먼지가 풀풀 날리는 길을 시골버스를 타고 도착한 수련원의 풍경은 고즈넉한 시골풍경 그대로였던 것으로 기억한다. 그런데 그 감칠맛 나고 푸근하기만 한 시골풍경과는 달리 당시 농민회 관계자들의 분위기는 싸늘하기만 했다. 지방자치에 대한 그들의 생각이 아주 부정적이었던 것이다.

제도에 대한 불신도 그렇지만, 사람에 대한 불신도 심각했다. 지방의회 선거에서 농민의 대표라고 당선된 사람이 '지방의원이 되더니 농민의 이익을 대변하기보다는 거들먹거리는 사람으로 변했더라'는 것이 농민들의 불만이었다. 이런 현상은 비단 농민들에게만 국한된 것은 아니었다. 수많은 시민단체와 노동조합, 지역조직에서 대표로 선출된 사람과 그들을 뽑은 지지기반과의 관계가 나빠지는 것은 흔하게 나타나는 현상이었다.

왜 저런 일이 벌어지는 것인가에 대한 고민이 시작되었다. 정말 선출된 대표들이 처음 느껴보는 권력에 취했기 때문일까, 아니면 지지자들의 요구가 지나친 것이 문제인가.

질문에 질문이 이어지던 끝에 찾은 해답은 '역량'이었다. 당시 우리에겐 실질적 지방자치 역량이 부족했던 것이다. 사람의 문제도 있고 의식의 문제도 있었다. 그러나 가장 큰 문제는 이 역량의 부족이라는 문제가 구조적인 것에서 출발한다는 것이었다. 지방자치에서 민주주의 역량이 발휘될 구조가 전혀 안 되어 있었기 때문이다.

실제로 지방의회는 지역의 토착 토건업자와 지역주의 정당의 독식 구조로 짜여 있었다. 일부 합리적이고 개혁적인 성향의 의원이 있었지만, 이미 고착화된 의회의 구조를 깨고 지지자들의 이해를 대변하기란 대체로 쉽지가 않았다.

지역이나 단체의 대표자가 의회권력에 참여해서 얻어낼 수 있는 것은 주민들 입장에서 볼 때는 하잘 것 없는 것들에 지나지 않았고, 지지자들의 입장에서는 이렇게 자신들의 의견이 반영되지 않는 현실로 인해 대표자와의 갈등이 확산되는 악순환의 구조를 가지고 있었던 것이다.

100%가 아니면, 또는 100%에 가깝지 않으면 배신자가 되는 현실과, 유의미한 결과를 낼 만한 의회의 타협점이 보이지 않는 구조 속에서는 어쩔 수 없는 현상이었다. 이렇게 지방자치 초기의 지방현장은 지방자치의 이상과 채 자리 잡지 못한 현실의 부조화가 큰 간격을 두고 어색한 동거를 하는 모양새를 띠고 있었다.

그것은 열심히 세미나를 열고 결의를 다진다고 해서 이루어지는 것이 아니었다. 그 당시 나는 이런 구체적인 지방의 현장을 돌며 이상과 현실의 간극을 온몸으로 느꼈다.

그러나 그것이 비관의 이유가 될 수는 없었다. 내가 보았던 현실과 부정적 반응들은, 지방자치의 의미를 퇴색게 하기는커녕 진정 현실적인 실천의 과제를 어디로부터 찾을 것인가에 대한 길을 모색하게 만들고 있었다.

지방자치실무연구소 시절 나 또한 어느 정도 효율성과 생산성 담론에 빠져 있었다는 점을 이야기했다. 당시 연구소가 주로 실무적인 일에 많이 치중하다 보니 그렇게 흘러간 측면도 간과할 수 없다.

그럼에도 진보를 생각하며 새로운 것에 대해 끊임없이 추구하는 성향은 당시 연구소 구성원들이 가진 장점이었다. 현장에서 부딪치면서 벽을 느끼거나, 또 무언가에 대한 필요가 느껴질 때마다 생각도 진화해 갔고 고민의 깊이도 늘어 갔다.

지방자치를 어떻게 풀뿌리 민주주의로 정착해 낼 수 있을 것인가, 그를 위한 '깨어 있는 시민들의 역량은 어떻게 만들어 낼 것인가'부터 시작하여 '시민의 정치학교'에 이르기까지, 우리는 끝없이 고민하고 실천하기를 반복했다.

당시 우리가 최종적으로 염두에 둔 것은 지방자치가 민주주의 역량의 강화에 기여할 기제라는 점이었다. 지방자치의 순기능적인 요소를 민주주의의 과정에 어떻게 정착해 내느냐 하는 문제는 지금 내가 마주하고 있는 정치현실에서 같은 고민으로 남아 있다. 그 해답을 찾아가는 과정이 2010 지방선거가 될 것이다.

권력에 대한 두 대통령의 다른 선택

어떤 역사를 보더라도 자신의 권한을 스스로 내려놓고 나누자고 했던 지도자를 찾는 것은 쉬운 일이 아니다. 더구나 모든 권한이 대통령에게 집중되어 있는 우리나라의 정치현실에서는 더욱 그러하다. 그럼에도 우리에게는 이 분권의 문제를 모두가 잘사는 투명한 사회를 위해 추진한 대통령이 한 분 있었다.

'분권시대로 가자!', 이것이 1993년 지방자치실무연구소 시절부터 분명히 해왔던 노무현 대통령의 인식이었으며, 참여정부를 이끌었던 중요한 방향타였다. 지방분권에 대한 생각은 그 후 정치과정에서 한 번도 변하지 않았고 참여정부 시절 균형발전과 동반성장 정책으로 나타나게 된다.

우리는 노무현에게서 권력을 내려놓는 최초의 대통령을 보았다. 그리고 지금 우리는 모든 권력을 쥐고 향유하려는 또 다른 대통령의 모습을 보고 있다. 그가 바로 이명박 씨다.

참여정부는 균형발전 정책을 통해 권력은 견제와 균형 위에 서야 하며, 대통령 권력도 지방정부와의 분권을 통해 유지될 때 더 좋은 정부를 만들 수 있다는 인식을 분명히 천명했다. 즉 지방 모두가 잘사는 나라를 위해 고민하고 설계한 것이 노무현 대통령의 균형발전 정책이다. 이것은 참여정부 대에 갑자기 제기된 문제가 아니었다. 유신의 박정희 시대부터 줄곧 제기되어 온 해묵은 과제였음을 우리는 기억하고 있다. 포화상태를 넘은 수도권 팽창의 문제와 지방 간 불균형의 문제를 해소하지 않고 대한민국의 발전을 얘기하기 어렵다는 진단은 이미 수십 년 전부터 해오던 이야기였던 것이다.

그러나 이 균형발전의 노래는 대통령 선거 때만 반짝 특수를 누릴 뿐 어떤 정부도 당장 실행할 현실의 과제로 삼지는 않았다. 당위적인 방향에서만 주장될 뿐 누구도 손대지 않았던 이유, 그것은 수도권 중심의 정치적 이해관계 때문이다. 전통적으로 수도권을 더욱 살찌우는 것을 통해 얻어질 지지표를 의식했기 때문이다. 수도권에서 얻을 수 있는 압도적인 정치적 이익을 우선시하는 발상의 결과다.

노무현 대통령은 그렇게 해묵은 과제를 떠안았다. 이것을 두고 충청권 표를 의식한 포퓰리즘이라는 비난이 쏟아졌지만, 진실은 전혀 그렇지가 않다. 균형발전이라는 과제는 세종시 하나에만 해당하는 문제가 아니다. 지방과 도시의 고른 발전, 더불어 잘사는 나라 만들기가 목표다. 이를 위한 지방분권 정책의 플랜이 마련되었다.

5년짜리 정부의 안목을 넘어, 나라발전의 큰 틀에서 결단해 낸 결과였다. 포퓰리즘이라는 비난은 오히려 수도권이 독식하고 있는 모든 부와 권력을 보장해 줌으로써 정치적 이득을 구하고자 하는 이 정권에게로 향하는 것이 마땅하다.

참여정부의 균형발전 정책에도 아쉬운 점이 없는 것은 아니다. 5년의 임기 동안 지방재정권의 강화나 지방의회 입법권의 확대, 국가사무의 과감한 이전 등을 모두 소화하기에는 어려움이 있었다.

임기초반의 카드대란, 탄핵사태, 행정수도 이전 위헌시비 등으로 인해 동력이 약해진 부분도 아쉬움으로 남는다. 참여정부가 터를 파고 시작은 했는데, 자리를 잡기까지는 그보다 더 많은 노력이 필요했다.
당시 처했던 정치환경상 참여정부의 정책 중 어느 한 가지라도 쉽게 갈 수 있는 것은 없었다. 언론과 수구세력의 집중적인 반대와 흔들기 때문이었다. 그럼에도 참여정부는 행복도시로 국가균형발전을 향한 큰 걸음을 내디뎠으며, 이후 어느 정권도 뒤집을 수 없도록 국민적 합의와 법적 장치를 만들었다. 혹시라도 이것을 뒤집고 싶어 하는 정권이 들어설 것에 대한 대비까지를 단단히 했다는 뜻이다.

그리고 실지로 그것을 뒤집고 싶어 하는 정권이 들어섰다. 불행히도 지금 우리는 노무현 대통령의 예언대로 새로운 정부가 세종시 문제를 가지고 국민과 뒤집기 한판을 시도하고 있는 정국을 목격하고 있는 중이다.

정치인들이 국민 앞에 수없이 약속하고, 삶의 터전을 내놔야 하는 분들을 국가의 미래를 위해 설득하여 그분들의 양보를 얻어내서 법제화시켰던 것이 세종시였다. 참여정부가 계획했던 세종시는 정부 행정조직 9부 2처 2청을 중심으로 대학과 기업이 함께하는 행정중심 복합도시이다.

지금 이명박 정부는 세종시를 백지화하기로 결정하고 모든 정보를 독점하며 여론몰이를 통해 국민을 기만하고 있다. '행정중심 복합도시'의 핵심인 '행정'이 빠진 채 '복합'만 껍데기로 하여 밀어붙이고 있는 것이다.

이명박 정부는 이를 두고 스스로 나라를 위한 결단이라며 세종시 계획의 가장 큰 폐해로 '행정의 비효율성'을 들고 있다. 첨단 IT강국이라는 나라에서 행정의 비효율을 말한다는 것 자체가 우습다. KTX로 고작 한 시간 거리를, 세종로를 벗어난다는 이유로 극구 반대하는 수도권 이기주의의 전형을 보여주는 것이라 할 수 있다.

세종시의 행정부서 이전은 국민에 대한 신뢰의 문제이기도 하고, 세종시를 성공시키기 위한 핵심사항이기도 하다. 이 핵심을 빼고 가는 세종시는 빈껍데기일 뿐이다. 정부가 의지를 보이지 않는 정책을 민간기업이 신뢰하고 따르기는 쉽지 않다. 그러니 정부 눈치나 보며 개발이익만을 노리는 기업들에게 세종시는 이제 투기의 장으로만 남을 가능성이 커져 버렸다.

이명박 정권의 세종시 수정안을 보면 '행정'이 빠진 자리에 '산업'이 들어왔다. 그야말로 국민을 기만하는 술수다. 이것은 세종시 원안에도 이미 긍정적으로 검토하던 사안이라는 것이 드러났다. 그렇다면 이명박 정부의 세종시 백지화의 목적은 단 하나, 수도권 강화뿐이다.

그들은 애초부터 힘없는 지방에는 관심이 없었다. 피폐화된 지방경제와 불균형한 지역발전으로 인한 사회갈등은 안중에도 없고, 더 많은 권력의 수도권 집중, 더 많은 기회와 부의 수도권 집중에만 목적을 두고 있다. 권력의 양극화다. 이것은 정상적인 사회가 아니다. 어떤 궤변을 늘어놓는다 해도 정치적 합의를 위반할 명분이 될 수는 없다.

현재의 논란을 누고 마치 지방과 수도권의 이해대립처럼 몰고 가는 시각도 없지 않다. 그러나 우리 사회의 논의수준은 이 문제를 서울과 지방 간의 이해대립으로 보는 시각의 단순함을 뛰어넘은 지 오래다. 참여정부의 균형발전 정책은 수도권과 지방이 서로 '윈윈'하며 발전하는 원리 하에 합의한 결정이었다.

지금도 서울을 비롯한 수도권은 대한민국의 블랙홀이다. 더 이상의 팽창일변 정책으로 수도권이 얻을 것은 비만과 질병뿐이다. 안 그래도 모든 권력과 부의 독식 탓에 극심한 과체중으로 거동이 둔해진 환자와도 같은 상태다. 다이어트가 필요한 상태, 숨 쉴 공간을 확보해야 할 시점에 이르렀다. 참여정부는 수도권 분산을 통해 서울을 동북아 허브로 집중육성하는 미래지향적 구상을 가지고 있었다. 지방은 지방대로 사람도 돈도 희망도 사라진 황폐한 고장에서 활력 넘치는 삶의 터전으로 거듭나게 하자는 계획이었다.

이 모든 것을 일순간에 뒤집는 시도에 맞서는 투쟁이 필요하다. 지방자치와 분권의 의지로 모아 나가는 싸움이 필요한 때다. 이명박 정권의 막무가내식 도전으로부터 우리가 쌓아 올린 소중한 민주주의의 성과를 지켜내기 위한 중요한 시점이 바로 지금이다.

우리가 도달해 있는 지방분권의 수준이 어디까지 와 있는가를 볼 필요가 있다. 적지 않은 시간을 거친 우리의 지방자치는 여전히 중앙권력이 모든 것을 좌지우지하는 절름발이에 머물러 있다.

공정한 세금의 납부와 분배, 시장 실패자들에 대한 효율적 관리와 자활, 사회적 인프라 구축, 자라나는 아이들을 위한 참된 교육, 노년층 보호 등 지방정부가 풀어야 할 핵심과제들이 대부분 중앙행정에 매여 있어 어느 것 하나 자율성을 발휘하기 어려운 상태에 있다.

그렇다면 이제부터가 시작인 것이다. 지금까지 경험한 실패와 성과를 디딤돌 삼아 이제부터 본격적인 지방자치 시대를 열어가는 싸움을 우리가 시작하면 되는 것이다. 지방재정을 명실상부한 자치가 가능할 수 있는 수준으로까지 확충하는 것이 중요하다. 또한 지방자치의 꽃이라 할 수 있는 사법, 그리고 치안까지 이어지는 분권의 확립은 우리가 지금 요구해야 할 직접적 과제들이다. 이명박 정부의 거듭되는 중앙권력 강화에 맞서 지방 스스로 찾아야 하는 주요 과제인 것이다.

지방분권 투쟁은 좋은 정부를 갖기 위한 투쟁

지방분권이 왜 필요한가. 전국 어디서나 대한민국 시민권자로서 평등하고 보편타당한 삶의 조건들을 갖고 싶기 때문이다. 수도권 사람만이 아니라 지방까지 골고루 잘 먹고 잘 살자는 것이다. 1945년 해방 이후 지금까지 중앙정부는 골고루 잘 먹고 잘 살기 위한 노력을 하기보다는 이미 모든 것을 갖추고 있는 지역에 더 많은 부와 권한을 실어주는 정책을 펴온 것이 사실이다.

수도권을 중심으로 있는 지역만 더 잘 살고, 없는 지역 사람은 더 고통스러운 현실이 반복되고 점차 심화되고 있다. 수도권은 날로 팽창하는데, 지방은 하루가 다르게 비어가고 있다.

요즘은 축구에서도 예전처럼 한 사람의 스타플레이어에 의존하던 게임을 하지 않는다. 열한 명 모두가 골고루 뛰지 않으면 이길 수가 없을 만큼 모든 팀들의 실력이 비슷해졌다. 대한민국도 마찬가지이다. 전국이 골고루 뛰어야 하고, 남자와 여자가 함께 뛰어야 한다. 젊은이와 노인이 함께 살 수 있는 사회가 만들어져야 한다. 온 국토가 함께 자기 자리에서 최선을 다하고 그 혜택을 골고루 누릴 수 없다면 대한민국은 진정한 의미에서 선진국 대열의 몇 위라 말할 수 없다.

모든 정책을 수도권 입장에서 생각하고 결정하는 수도권공화국, 수도권을 대표하는 서울시장과 경기도지사가 끊임없이 지방의 분권과 지방의 이익을 무시하는 시대가 지금 2010년의 대한민국이다.

그들은 수도권을 바탕으로 다시 대통령에 도전하는 것을 하나의 수순처럼 생각하고 있다. 경우에 따라 이들은 지방의 이익에 강력하게 반대하면서, 수도권의 표로 심판하겠다는 막말도 서슴지 않는다.

지방의 이익을 죽이고 수도권공화국을 통해서 정치적 기반을 쌓고 수도권의 이익을 지켰던 지도력이 다시 대한민국 대통령을 만드는 불합리한 정치구조가 지속되고 있다. 이 구조 어디에서도 지방의 발전을 걱정하는 지도자는 없는 것이다. 바로 이런 배경들이 대통령이 되자마자 출발단계였던 균형발전과 세종시 약속마저 뒤엎어 버리는 현재의 비정상적 현상의 이면을 이루고 있다.

이 시대 더 좋은 민주주의는 분권에서 시작된다. 지방분권의 첫 번째 의미는 골고루 잘사는 사회를 만드는 것이다. 고속도로를 달리다 보면 '살기 좋은 도시, 기업하기 좋은 도시'라는 간판들을 흔히 보게 된다. 지방사람들의 현재의 기대와 바람을 담은 것이자 참여정부 시절의 정책이 반영된 슬로건이기도 하다. 이러한 바람을 실현하는 방법이 바로 균형발전 전략이었다. 쉽게 말해 지방 어디나 골고루 잘살아야 하고, 골고루 잘사는 대한민국을 통해 미래의 도전을 극복하자는 것이다.

이것은 한낱 정부 단위의 의지가 아닌 국가적 비전에 해당하는 과제였다. 그것이 지금 서울시장 출신 대통령에 의해 여지없이 무너지고 있는 중이다. 힘을 과시하는 중앙권력에 의해 짓밟히고 있는 중이다.

이런 현실에 대한 지방세력들의 정치적 문제제기가 반드시 필요한 시점이다. 이 문제제기의 실질적 위력을 가능케 하는 힘이 지방분권이다. 따라서 지방분권 없이 지역발전을 말하는 것 자체가 지금과 같은 정치구조에서는 바보 같은 짓이다.

지방분권의 두 번째 의미는 좋은 정부를 갖기 위한 싸움이다. 개그콘서트에 '나를 술 푸게 하는 세상'이란 코너가 있다. 거기서 개그맨 박성광 씨는 이렇게 외친다. "국가가 나한테 해준 게 뭐가 있어!" 웃음을 유발하는 개그맨의 연기라도 거기엔 분명 시대정신이 들어 있다.

왜 그런가를 보자. 이명박 정부는 출범 후 총액 수십조 원에 이르는 종부세와 재산세, 상속세에 대한 감세를 단행했다. 반면 지난 10년 민주정부가 만들어 놓은 법정예산을 제외하면 사업성 복지정책은 후퇴를 거듭하고 있는 실정이다. 특히 종부세 감세로 지방교부금도 줄어들어 지방의 복지상황은 한결 더 나빠지고 있는 상황이다. 돈 있는 부자에겐 감세를, 더 많은 돌봄이 필요한 서민에겐 복지의 감소를… 이것이 현 정부가 보여주는 CEO 대통령의 정치성과이다. 국가는 점점 국민에게 해줄 게 없는 현실인 것이다.

견제와 균형 없이 중앙으로 집중된 힘은 반드시 부작용을 낳는다. 집중된 힘은 폭력성을 가지게 되는데, 우리는 지난 2년간 법치라는 이름 하에 자행된 공권력의 무자비한 폭력을 경험했다. 더러는 아예 법 위에 군림하는 비이성적 행태들이 행정, 사법, 입법 모든 곳에서 자행되고 있다.

온갖 불법을 동원해 쫓아낸 정연주 전 KBS사장이 끝내 무죄를 선고받았지만 원직에 복귀되기는커녕 이명박 대통령의 언론특보 출신인 김인규 씨가 그 자리를 차지해 버렸다.

미국산 쇠고기의 광우병 위험성을 알렸던 PD수첩은 무리하게 기소되어 험난한 재판과정을 거쳤지만 무죄를 선고받았다. 21세기를 살아가는 지금, 정부의 정책을 반대한다는 이유만으로 사법처리를 당한 예는 전 세계 자유민주주의 국가에서는 유례를 찾아보기 어렵다. 국민의 알 권리와 언론의 비판정신마저도 힘으로 억누르려는, 과거의 후진정치로의 퇴행일 뿐이다.

그렇다고 '더러운 세상!'만을 외칠 수는 없다. 더 좋은 정부를 갖기 위한 노력을 해야 한다. 그러면 어떤 정부가 좋은 정부인가? 소수 가진 자들만을 위한 정치가 아닌 전체 국민을 위한 정치를 하는 정부가 좋은 정부다. 안 그래도 미어터지는 수도권만의 이익이 아닌 전 국토의 고른 이익을 위해 일하는 정부가 좋은 정부이다.

우리 앞에 산적한 문제를 전 국민의 입장에서 고민하며 국민과 함께 머리를 맞대고 풀어 나가는 정부가 좋은 정부이다. 정부는 국민으로부터 위임받은 힘으로 국민을 위해 존재하는 행정기관일 뿐임을 잊지 않는 정부가 좋은 정부이다.

정부권력은 최소한의 관점에서 사용되어야 하고 국민에 봉사하기 위한 도구로 쓰여야 한다. 이렇게 국민에 봉사하는 권력은 균형 잡힌 힘의 분배를 통해 가능해진다. 그래서 분권이 중앙권력의 약화가 아닌 더 좋은 정부를 갖기 위한 출발인 것이다.

지역주의 극복을 위한 지방분권

지난 세월 동안 한국정치의 후진성을 대표하는 것이 지역주의였다. 이 지역주의의 망령은 애초 군사독재의 정치적 이해관계에서 시작되었다. 박정희 대통령은 3선개헌으로 정권의 정당성이 크게 훼손되었던바, 호남출신인 김대중 후보의 강력한 도전에 직면하면서 지역패권을 추구하게 된다. 이후 김대중 빨갱이론까지 곁들여져 지역주의는 한국정치의 고질적 폐해이자 틀로서 고착화된다. 비교적 지역주의가 덜했던 충청권조차 1987년 김종필 씨의 신민주공화당 창당으로 지역주의의 한 축으로 작동하게 되었다.

이렇게 시작된 지역주의는 갈수록 공고해져서 '초원복집 사건'의 그 유명한 '우리가 남이가' 한마디면 어떤 선거판도 뒤집을 수 있는 필승의 카드가 되었다. 막대기만 꽂아도 당선된다는 지역주의의 망령. 아직도 우리 정치를 떠나지 않고 배회하며 정치의 발전을 가로막고 있는 절대악임에 틀림이 없다.

한편 대한민국 지역주의의 실체는 지역 엘리트주의이기도 하다. 지역주의를 이용하는 정치세력이 말하는 '우리가 남이가'의 속을 들여다보면 '남이다'가 답이기도 하다. 지역주의는 충청인, 호남인, 영남인으로 나뉘어 집단 대항전을 벌이고 있는 것이 아니다. 지역 엘리트 고등학교 출신들이 중앙권력계로 진출하고, 그곳에서 벌어지는 중앙권력 투쟁이 지역주의 정치의 근원을 이룬다.

지역 출신의 권력이 생기면 그 지역 출신의 특정 고등학교의 인맥들이 관직을 얻고, 고속승진을 하고, 관급공사를 얻어내는 구조가 지역주의 정치의 가장 핵심이었던 것이다. 유독 '우리 고향사람'에게서 친밀감을 구하는 지역서민들과 지역주의는 그렇다면 어떤 관계가 있는 것일까?

정작 서민들은 지역주의로 득볼 일이 별로 없는 사람들이다. 특정 학연에 의해 움직이는 지역 엘리트주의의 볼모가 되어 있을 뿐이다. 실제로 서민들이 이득을 얻고 살 만한 세상을 만드는 데 도움이 되는 지역주의라면 마다할 이유가 없다. 하지만 지역주의로 인해 이득을 보는 집단은 따로 있다. 이미 먹고살 만한 지역 엘리트들이 그들이다. 그들만의 싸움판에 난무하는 지역주의 정서란 것은 애초부터 서민들에게는 아무 의미가 없었던 것이다.

충청권 지역주의의 특징은 스스로를 2인자론에 미물게 하는 데 있었다. 김종필 씨가 1987년 신민주공화당을 창당하고 1990년 3당합당으로 민자당에 흡수되면서 일종의 정치적 포지션을 결정하는 상황이 되었다. 1인자가 못 될 바에야 2인자라도 되어 나눠 먹겠다는 근성. 권력투쟁의 장에서 스스로 캐스팅보트의 역할을 하는 데 의미를 두는 정치적 욕망의 발로가 아니었는가 싶다.

권력을 스스로 쟁취하지 않은 2인자가 가져야 할 덕목은 기회주의와 맹목적인 충성뿐이다. 나는 이렇게 초라하고 기회주의적인 2인자론이 충청도의 본질이라고는 결코 생각하지 않는다.

충청도는 이제 몇몇 지역주의 이용자들을 위해 충청권 전체가 봉사하는 일을 그만둬야 한다. 충청도의 의로운 기질이 살아 있는, 진정 의미 있는 충남의 진전을 이루기 위해서라도 지역주의의 남루한 틀을 깨고 나와야 한다. 주민 스스로가 지역주의를 이용해서 득세하는 잘못된 정치인에 대한 단호한 심판에 나서야 한다.

지방분권은 일부 엘리트들의 출세가 아닌 지방서민들의 이익을 위해 권력을 나누는 일이다. 그것은 특정한 한 지역이 아니라 모든 지방정부가 함께 중앙권력의 분산을 요구하고 그것을 지방의 발전역량으로 변화시켜 갈 때 가능해진다.

지방분권에는 충청이 따로 없고 호남과 영남이 따로 없다. 함께 힘을 연대해 나갈 동료일 뿐이다. 대다수의 농민, 서민, 중산층이 자신의 정치적 선택을 분명히 한다면 지역주의에서 벗어나 의미 있는 지방분권을 만들어 내는 것은 그리 어렵지 않은 일이다.

골고루 잘사는 사회는 어떻게 가능한가

충청남도 16개 시·군 중 일부는 65세 이상의 노인인구가 30%에 육박하고 있다. 리 단위의 자연부락에 내려가면 그 생활상은 정말로 눈물이 나서 말로 하기 어려울 지경인 경우가 많다. 지방의 작은 역에서 젊은 사람들을 찾기는 거의 불가능한 일이다. 젊은이가 떠나고 사람들이 줄어드니 도시는 점점 활력이 없어진다. 사람과 활력이 없어지니 지역경제를 살릴 길이 없다. 지역경제가 말라가니 사람들은 또 서울로 서울로 올라가게 된다. 아이들로 넘쳐나던 학교 교실은 점점 텅 비어가고, 이렇게 지방은 서서히 침몰해 가고 있다.

그렇다고 서울이 살맛나는 곳인가? 모두가 서울로 가니 서울은 이미 포화상태를 넘어 폭발 직전에 있다. 자고 일어나면 신도시 개발계획이 발표된다. 더 이상 집을 지을 곳이 없자 수십 년간 지켜 온 그린벨트까지 열어주고 있다. 적어도 환경적 요인만 따지더라도 서울은 사람이 살 만한 수준을 한참 밑돌고 있다.

집만 지으면 끝인가, 도로를 내야 한다. 내부로 도로 낼 곳이 없으니 외부로 돌려 내고 지하에다 도로를 놓겠다고 한다. 이렇게 팽창할 때마다 수도권의 사회적 비용은 기하급수적으로 늘어가고 있다. 도대체 어떻게 살자는 것인지, 서울은 서울대로 해결책이 요원해지고 있다.

진정 나라를 위한 지도자라면, '국격'을 논하는 정도로 나라의 현실을 걱정하는 정치지도자라면, 이제는 이 문제에 대한 해결책을 제시해야 한다. 서울은 서울대로 지방은 지방대로, 모두가 잘사는 방법을 찾아야 한다.

그것을 어디서 찾을 것인가? 그 대답이 바로 지방분권에 있다. 골고루 잘사는 사회를 위한 길. 거기에는 두 가지가 반드시 필요하다. 하나는 중앙정부의 권력분산 의지이며, 다른 하나는 분권이 가능한 지방의 재정적 기반이다. 애석하게도 지금의 현실은 아직도 멀기만 하다.

먼저 분권의지 면에서 어떤 문제가 있는지를 보자. 지방자치 도입 초기, 중앙정부는 가능한 한 권력의 분산을 막는 정책을 펴왔다. 시간이 지나면서 지방의 역할이 확대되기는 했지만, 그마저도 언 발에 오줌 누기식. 다분히 정치적인 고려에 따른 최소한에 그쳤다.

지난 10년 민주정부에서의 분권의지로 상당한 정도의 진전을 보였음에도, 실질적인 발전에는 한계를 드러냈다. 이미 포화상태에 이른 서울을 비롯한 수도권의 편중이 극심한 때문이다. 나머지 다른 지방들이 분권의 실질적 역량을 갖추기까지는 역부족이었다. 16개 광역시도 중에서 재정자립도 2위를 자랑하는 경기도의 지사마저 분권의 재량권을 호소하고 있는 현실이다.

분권의지에 못지않게 중요한 재정적 토대의 취약함도 이유로 들 수 있다. 특별시, 광역시, 경기도를 제외한 대부분의 지방은 재정자립도가 20~30%대에 머무르고 있다. 그마저도 해마다 낮아져서 일부 시도의 경우 재정자립도가 10%대로 하락한 곳도 있다. 이런 재정구조는 지방행정을 중앙행정의 종속적 도구로 제한할 뿐이다.

이 때문에 지방에서 시행하는 대부분의 사업은 국가위임 사무를 처리하는 국가의 하부기관으로서의 역할에 머무르고, 주민자치와 기관을 자율적으로 운영할 수 있는 지방자치제도가 성립되지 못하고 있는 것이다.

지방의회 5기 민선 4기를 거치면서 성장한 지방자치가 전혀 성과가 없었던 것은 아니다. 지난 지방자치 시대는 관존민비의 시대를 정리하는 데 기여했다는 큰 의미를 지니고 있다.

민원과 삶의 현장에서 관이 민 위에 군림하며 권력을 향유하던 시대를 청산하고, 봉사하는 행정기관으로서 공공재 수요를 뒷받침하는 모양을 갖추는 데까지 진일보한 것은 평가할 만하다. 하지만 실질적으로 '좋은 정부'와 '할 일을 하는 정부'의 역할은 아직 출발단계에 머물러 있다.

형식적으로는 지방자치의 모양새가 갖추어져 가고 있지만 내용적으로는 여전히 제자리걸음을 반복하고 있는 것이다.

이제 지방 모두가 잘사는 사회를 위한 본격적인 걸음을 떼어야 한다. 이 걸음은 지방사람들 스스로가 선택할 때 비로소 가능해진다. 지방이 자신을 위해 투쟁하지 않는 이상 골고루 잘사는 사회는 불가능하다.

중앙권력이 알아서 권력을 나눠주는 일은 더 이상 가능하지 않다는 걸 보았기 때문이다. 지방이 자신의 뜻을 관철할 권력을 가져야만 지방도 잘살 수 있다. CEO형 지도자만 노래해서는 근본적인 분권을 이루어 낼 수 없다.

지역산업을 많이 유치한다고 자랑하던 지역도 이명박 정부 들어 자신들의 노력이 대부분 물거품이 되는 경험을 많이 했다. 수도권 규제완화 정책 때문이다. 수도권 과밀억제와 지방의 활성화를 위한 지난 10년간의 정책적 노력도 중앙권력에 의해 단 한순간에 뒤집혀 버리는 안타까운 현실이 도처에서 꼬리를 물고 있다.

다른 관점에서 보면, 이는 중앙정부만의 책임은 아니다. 지방세력에게도 분명 책임이 있다. 권력은 그냥 두면 자생적으로 커지는 구조를 가지고 있다. 누군가 막아줘야 하고 싸워 주어야 한다. 집중화되는 중앙권력과 싸우려는 노력이 있어야 지방분권이 가능한 것이다.

지방이 골고루 잘살기 위한 지방의 지도자들과 지방세력들의 투쟁엔 어떤 것이 있을까? 지금까지는 도지사에게 지방 발전시키라는 주문을 하고, 지역구 국회의원들 얼굴만 쳐다보는 게 전부였다.

지금까지 그들이 성공시킨 것이 있을까? 물론 있다. 지역대학 세우고, 지역공항 만드는 데 한동안 온 힘을 쏟았다. 그런데 그것이 지금 어떻게 되고 있는가? 지역공항들은 대부분 적자에 허덕이며 존폐의 위기에 처해 있다. 우후죽순으로 생긴 지역대학들도 마찬가지다. 학교는 세워 놨는데 학생들이 오지 않는다. 주위환경이나 경쟁력을 뒷받침할 만한 지원들이 전혀 없기 때문이다. 정원미달 사태에 취업자

배출 여력조차 없어 갈수록 왜소해지고, 통폐합되고, 망하는 게 현실이다. 결국 고생고생해서 시설 하나 늘리는 것으로는 지방이 잘살기 위한 근본대책이 안 되는 것이다.

지역 국회의원 한두 명이 따오는 예산도 마찬가지다. 물론 예산을 따다 길 닦고 건물 짓고 지방발전에 기여할 수는 있다. 하지만 그것으로 끝이다. 정부가 4대강 사업 추진하면서 주요 지방 기간사업까지도 연기되거나 보류되는 일이 곳곳에서 벌어지고 있다.

지방의 어떤 사업도 중앙이 막는 순간 지속적인 발전가능성을 추동해 내지 못한다. 이런 방식으로는 지방경제를 살리고 지방의 제도를 바꾸고 모두가 잘사는 시대를 만들기는 요원할 뿐이다.

지방정부의 책임 있는 기획과 현실성 있는 재정을 기반으로 진정 지역경제를 살리고, 활력 넘치는 도시를 건설해 나가는 노력이 필요하다. 스스로의 권한과 역량이 필요한 일이다.

이제는 지방이 자기 권리를 주장해야 한다. 권리를 찾기 위해서는 투쟁해야 한다. 수도권 중심의 중앙권력에 대항해서 투쟁할 수 있는 힘을 형성해야 한다. 중앙권력에 순종하며 떡고물 정도나 받아먹는 지도자가 아닌, 지방의 권리를 위해 지역연대의 힘을 모으고 그 힘으로 실현가능하고 지속가능한 지방분권을 이뤄내는 지도자들이 나와야 한다. 이것이 지방분권 시대의 새로운 시작인 것이다.

민주정부 10년에 대한 모욕과 능멸, 이제 심판할 때

이명박 정부의 성과 가로채기가 도를 넘어서고 있다. 지난 민주정부 10년의 가치를 부정하면서도 그 성과는 고스란히 자신의 몫으로 돌리는 파렴치한 장면이 버젓이 연출되고 있다.

'2010년 복지예산 81조, 사상 최대 규모'.

이명박 정부가 벌이는 대국민 광고 내용이다. 하지만 속내를 들여다보면 이것은 대부분 지난 10년간의 성과에 기인한 것들이다. 국민의 정부 5년 동안 복지의 기초를 놓았고, 참여정부는 복지예산의 확장과 법제화에 최선을 다해 참여정부 5년간 연평균 10.1%에 이르는 상승률을 기록했다. 이에 반해 이명박 정부의 복지예산은 법정예산 증가분으로 자동상승할 수밖에 없는 구조이다. 그 외의 사업성 복지예산은 상당 부분 삭감해 가고 있는 추세에 있다.

최근 UAE의 원전수수가 화제로 떠올랐다. 방송까지 동원한 이명박 대통령 띄우기가 참으로 낯부끄럽기 그지없다. 이로 인해 이명박 대통령의 지지율이 올랐다는 보도도 나왔다.

정말 그것은 이명박 대통령이 만들어 낸 기적인 것일까? 원전기술은 이미 지난 민주정부 10년을 거치면서 도약적인 발전을 이루었고, UAE와의 원전협의는 이미 참여정부 시절에 시작되었던 일이다. 노무현 대통령은 이미 2006년 5월 한국 대통령으로는 수교 후 처음으로 UAE를 방문하고, 원전수주를 위해 총력을 기울였다. 거의 모든 협상이 끝나고 결정만 남은 상태였던 것이다.

정권이 바뀌어 다음 대통령이 비행기 타고 날아가 사진 찍고 전임정부와 부하직원들의 성과마저 혼자 독차지하는 모습을 보았다. 당시 기사의 어떤 부분에도 이 국가적 쾌거의 과정에 얽힌 기술은 없었다. 참여정부의 '참'자도 없었다. CEO 대통령의 함박웃음만이 언론을 가득 메웠을 뿐이다. 사실 이런 식의 행태는 개인사업을 하는 사람들 사이에서 흔치 않은 일이다. 적어도 양식이 있는 사람들끼리의 관계에서는 그렇게 하지 않는다.

성과만 가로채고 추진을 멈춘 대표적인 사업이 균형발전 정책이다. 참여정부의 균형발전위원회가 이명박 정부 들어 지역발전위원회로 이름이 바뀌었다. 참여정부의 균형발전 정책은 5+2 광역경제권 정책으로 바뀌었을 뿐 내용은 참여정부의 것을 그대로 차용하고 있다. 더 큰 문제는 그조차도 실제 정책에서는 진행되지 않고 있다는 것이다. 수도권 중심의 정책이 국가균형발전을 빈껍데기로 만들고 있다.

노무현 정부에 대한 모욕과 능멸은 대통령으로서의 기본적인 양식마저 의심스럽게 만들고 있었다. 이명박 정부는 인수위 시절부터 점령군의 행태를 보이며 굴복과 반성을 요구하는 태도로 일관했다.

그런 이명박 정부에 의해 자행된 정치적 탄압과 그로 인한 모멸감은 전임 대통령이 마지막 자존심을 지키기 위해 서거할 수밖에 없는 상황으로 몰아갔다.

멀고먼 시골 봉하까지 한달음에 달려온 시민들의 통곡을 이명박 정권은 어떻게 듣고 있었을까? 정부가 마련해 놓은 조문소를 버리고 시민들이 운영하는 대한문 앞의 초라한 조문소를 찾아 10시간씩 기다리며 조문하면서 눈물 흘렸던 시민들이다. 이 5백만의 통곡과 눈물은 노무현 대통령의 억울한 죽음을 대변하고 있었다.

검찰권력을 이용한 전임 대통령 모욕 주기는 이 땅의 상식과 원칙을 무참히 짓밟은 사건으로 기록되고 있다. 이명박 정부는 정연주 전 KBS사장 해임 등 참여정부 인사를 내쫓기 위해 모든 국가권력을 총동원하여 불법을 마다하지 않았다. 말버릇처럼 법치를 내세우기 좋아하는 이명박 대통령이 모든 절차적 민주주의를 무시하고 참여정부를 능멸했던 것은 시대의 불행이다.

검찰과 행정권을 동원한 이명박 정부의 위법적인 전임정부 짓밟기가 법원의 판결에 의해 잘못으로 드러나고 있지만, 한마디의 사과나 진실을 바로잡기 위한 노력은 보이지 않았다. 아직 진행 중인 한명숙 전 총리에 대한 정치적 탄압도 같은 맥락에서 이어지고 있는 바다.

과연 이것을 이해하거나 용인할 수 있는가? 스스로의 힘으로 자유와 민주주의를 쟁취해 낸 우리 국민들의 상식상 이러한 파렴치한 정치행태는 국가의 미래를 위해서도 반드시 심판받아야 마땅하다. 시대를 거스르는 이런 막무가내식 탄압으로 다시금 위기에 처한 민주주의를 구해야 한다.

정부는 바뀌어도 대한민국은 지속된다. 정당한 평가과정도 없이 정권교체기에 이전 정부의 정책연속성이 단절된다면 그 단절된 국가정책으로 인한 혼란과 손실은 고스란히 국민들의 부담으로 돌아오는 것이다. 이명박 정부의 정책적 고려가 배제된 무개념의 전임정부 부정하기는 국가적 손실과 국론분열, 국민혼란으로 이미 나타나고 있다. 국민과의 신뢰를 폐기처분한 세종시 정부부처 이전 백지화와 이를 둘러싼 국가적 혼란이 이를 말해준다.

지방분권은 견제 없는 중앙권력에 대한 평가의 의미도 내포한다. 이명박 정부 2년은 이미 총체적 위기상황의 지속이었다. '고소영' '강부자'라는 세간의 비웃음으로 임기를 시작한 이명박 정부가 미국산 쇠고기 수입과 국민적 요구가 담긴 촛불집회 탄압으로 사회적 혼란을 키워 샀으며, 부자 감세와 대기업 프렌들리로 복지예산은 줄어들고 서민들의 삶은 점차 팍팍해져 가고 있다.

민주정부 10년에 대한 저열한 정치탄압으로 노무현 대통령을 서거로까지 몰아갔고, 이에 김대중 대통령마저 행동하는 양심을 요구하며 서거하셨다. 민주정부의 두 주역을 잇달아 잃은 것이다.

지금 우리 국민은 5년 임기 정권교체의 대가치고는 너무 많은 수

업료를 지불하고 있다. 견제권력이 없는 중앙권력의 파렴치한 질주가 어떤 결과를 낳을 수 있는지 이미 2년의 상황만으로도 뼈아프게 목도하고 있는 것이다. 이런 정권에 대한 심판 없이 대한민국을 세울 수는 없다.

세종시를 살리는 길

정부부처의 세종시 이전이 백지화 위기에 처했다. 대선을 치르면서 20번 이상이나 국민 앞에서 확인했던 약속을 폐기처분하고 있는 것이다. 보통 사람의 상식으로는 상상도 할 수 없는 행동을 한 나라의 대통령이 저지르고 있는 것이다.

한편 정부부처 이전 백지화를 위해 정부는 점점 더 나락으로 빠져들고 있는 형국이다. 이미 원안에 다 반영되어 있던 것을 이름만 바꾸어 호화스럽게 포장해서 내놓은 후 대대적인 홍보를 하고 있다. 속을 들여다보니 결국 국민세금으로 기업들에게 개발이익만 안겨주는 꼴이다.

또 이러한 세종시 수정안에 다른 지방들이 반발하자 이제는 모든 기업도시와 혁신도시도 같은 조건으로 기업들에게 '균형적 혜택'을 주겠다고 한다. 이런 식으로 돌려막기를 하는 정부를 보노라면, 한 번의 거짓말을 감추기 위해 끝 모를 거짓말로 스스로 추락해 가는 우둔한 자를 보는 것 같다.

세종시는 노무현 후보의 행정수도 공약에서 시작되었다. 지방자치실무연구소 시절부터 균형발전과 지방분권에 대한 생각이 확고했던 노무현 후보는 수도권의 과밀화를 더 이상 방치해서는 안 된다는 생각에 행정수도 이전을 대선공약으로 내세웠다.

당시 노무현 후보에게도 고민이 없었던 것은 아니다. 행정수도 이전 같은 공약은 지역적 이해관계가 정파적 이해에 따라 이용당할 수도 있는 것이기 때문이다. 하지만 시대적 사명인 국가의 균형발전을 위해서는 반드시 필요하다는 결론을 내리고 추진하기 시작했다.

하지만 보수언론과 한나라당의 집요한 공세는 급기야 대통령이 공약으로 걸고 당선한, 이미 합의된 국가적 약속을 재판해 버리는 상황까지 몰고 갔다. 2004년 10월 헌법재판소는 신행정수도특별법에 대해 '서울은 관습법상 수도이기 때문에 헌법을 바꾸지 않고서는 불가능하다'는 황당한 논리로 위헌결정을 내리게 된다. 헌재 역사상 가장 정치적인 판결로 기억되고 있는 판결이었다.

헌법재판소의 이 판결에 의해 행정수도는 결국 무산되고, 그 대안으로 마련된 것이 정부의 일부 부처가 이전하고 자족기능이 강화된 대학과 산업시설이 함께 오는 세종시였다.

세종시의 건설을 법률화한 '행정중심 복합도시건설 특별법'은 공청회만 65회, 그 외 세미나와 토론회를 합치면 5백 회 이상의 여론수렴과 합의과정을 거치며 여야합의에 의해 통과되었던 법안이다.

수도권의 과밀을 막고 수도권과 지방 모두가 골고루 잘살기 위해 정부가 먼저 나서야 한다는 참여정부의 균형발전 정책의 핵심이 세종시 특별법으로 결실을 얻은 것이다.

이 세종시 계획의 핵심은 정부부처의 이전이다. 정부이전을 빼고는 아무리 좋은 재료로 포장을 해 내놓는다고 해도 세종시 계획의 목표를 달성할 수 없다. 예를 들어보자. 충북의 오송 지구가 김영삼 대통령 시절인 1994년도에 착공식을 했다. 그런데 실질적인 착공은 그보다 12년이 지난 2006년으로 미뤄졌다. 왜 12년이란 시간이 필요했을까?

우리나라는 수도권 공화국이기 때문이다. 대기업 본사의 90%, 명문대학 100%, 정부부처의 대부분이 서울에 모여 있다. 기업들이 작은 계열사 하나 보내는 수준으로는 지방화, 지방경제 발전은 불가능하다.

그래서 참여정부에서 만들어 놓은 것이 국가균형발전 전략이고 행정수도 이전계획이었던 것이다. 행정수도 이전계획을 세우고 오송·오창 단지에 식품의약청과 굵직한 공공기관의 이전이 결정되니까 그제야 식품관련 기관들이 오송에 들어오게 되었던 것이다.

관건은 권력의 이동이다. 권력이 이동하지 않고서는 지역이 발전하지 않는다. 지방권력이 중앙권력을 견제하고 균형을 이루는 분권을 이뤄내야 하는 것이다.

지난 1970, 80년대에는 민주화를 위해 학생들과 노동자들이 싸웠다면, 이제는 지방이 골고루 잘사는 나라라는 또 하나의 민주화를 위해 싸워야 한다. 모든 지역이 골고루 잘사는 세상을 만들어 달라는 국민들의 요구에 대한민국의 민주주의는 답을 해야 한다. 그 요구에 대한 고민과 대답이 현재는 세종시로 대표되는 지방화 전략인 것이다.

세종시는 꼭 지켜져야 할 이 시대 민주주의의 상징이다. 껍데기만 남은 상태에서 기업이익만 보장하는 형태로는 절대 안 된다. 세종시에 삼성이 2조 5백억 원을 투자하겠다고 나섰다고 한다. 하지만 그중 이명박 대통령 임기 말까지 투자되는 돈은 10분의 1도 안 된다. 땅만 확보해 놓고 일부 시설 들어오고, 결국 나중에는 이것이 어떻게 될지 두고 봐야 한다.

요즘 기업들은 임기가 정해진 정치권력을 무서워하지 않는다. 그 대신 정치권력의 정책의지를 더 중요하게 생각한다. 정부가 내려가는 것은 비효율이라고 뒤로 빼면서 기업에게만 특혜를 주며 강요하는 데서 어떻게 정부의 의지를 읽을 수 있겠는가.

그러니 서로 '눈 가리고 아웅'하는 식으로 시간만 벌고 있는 것뿐이다. 기업들도 정부가 국민들에게 책임 있게 약속하고, 그 약속을 지켜낼 수 있을 것이라고 판단될 때, 그 신뢰를 바탕으로 움직이는 것이다. 참여정부가 추진했던 균형발전은 바로 그 정책적 의지와 신뢰가 담보되어 있었기 때문에 가능했던 정책이었다.

복지정부, 사람 사는 세상을 위한 정치

지방분권은 제대로 된 정부를 갖기 위한 싸움이다. 국민들도 정부 덕에 삶의 편의와 개선을 한번 누려 보자는 것이다. 국민들이 살 만한 세상, 일상적 삶을 누리는 일에 장애가 없는 환경에서 살아 보자는 것이 지방분권의 또 다른 내용이라고 생각한다.

유럽 선진국을 여행하다 보면 한 가지 우리와 크게 다른 점이 느껴진다고 한다. 도시에 가든 농촌에 가든 환경의 차이가 그리 크지 않다는 것이다. 대규모 상업단지나 쇼핑몰이 있는지 없는지 정도가 도시와 농촌을 구별하는 유일한 차이로 보일 때가 많다. 어디를 가나 균등한 기회와 삶의 질이 주어져 모두가 함께 풍요를 누리는 것이 선진국의 모습이다. 대한민국이 이런 꿈을 꾸는 것은 여전히 먼 얘기인 걸까?

우리의 농촌마을로 들어서면 느껴지는 정서는 일단 '활기가 없다'는 것이다. 전체 경지면적은 줄어드는데 농가당 경지면적은 늘어나는 현상을 보이고 있다. 사람이 줄어드는 속도가 경지면적 줄어드는 속도보다 빠르기 때문이다.

이명박 정부가 들어서면서 작은 정부를 주장했다. 작은 정부가 무엇인가? 정부의 역할을 줄이겠다는 것이다. 필요에 따라 시장이 형성되고 알아서 굴러가도록 두겠다는 것이다. 이걸 역으로 말하면 국민의 복지나 사회안전망에 별 관심이 없다는 뜻이기도 하다.

그렇다고 그들이 정말 작은 정부를 만든 것도 아니다. 참여정부를 위원회 공화국이라고 비판하던 그들이지만, 이명박 정부 들어서 위원회는 더 많이 늘어났다. 공무원 조직의 부서도 처음에는 줄인 듯하다 이름만 바꿔 다시 부활시켰다.

그렇게 제자리로 돌아왔다면 정부의 역할을 다하겠다는 것인가? 그렇지도 않은 것 같다. 다시 확대한 조직은 국민을 위해 사용되기보다는 정부의 정책을 일방적으로 홍보하고 정부를 유지하기 위한 수단으로 가동되고 있다. 결국 국민을 위한 정부는 줄이고, 정부를 위한 조직은 늘려가는 정부인 것이다.

꼭 필요한 것을 얻기 위해서는 반드시 대가를 지불해야 하기 마련이다. 국민이 국가 서비스의 소비자로서 정부에 지불하는 대가가 세금이다. 그런데 우리나라의 교육, 복지 지출규모는 OECD 국가 중 하위에 머물러 있다. 복지예산 규모는 선진국의 1/3 수준, 교육은 1/2 수준이다.

좋은 정부를 위해서는 좋은 정책을 위한 비용이 필요하다는 게 상식인 건데, 현 정부는 감세정책을 추진하고 있다. 세금도 깎아주는 좋은 정부의 이미지를 만들기 위해서다. 그러나 그 혜택의 90%는 가진 자들에게로 돌아간다는 사실을 알아야 한다. 이 정부가 추진한 감세정책의 본질이 그런 것이었다.

최근 3년간 종부세로 연간 3조 5천억 원씩 세금이 들어왔다. 이 중 90%가 수도권에서 걷혔다. 그리고 그 돈은 서울과 수도권을 제외한

13개 시도에 지방교부금으로 나뉘어 대부분 복지예산으로 사용되었다. 충남도 1천 5백억 원을 교부받아 사용했다. 종부세가 그대로 유지된다면 매년 그 정도 액수의 복지예산이 확보되는 것이다.

바로 이런 점들이 지방정치가들이 주목해야 할 지점이다. 예산심사할 때 공무원들 서울로 올려 보내 국회에 진을 쳐서 예산 따왔다고 자랑할 게 아니라 종부세 폐지에 반대 목소리를 내는 지도자가 되어야 한다.

하지만 우리 현실에서 그런 투쟁을 조직하는 지도자는 없다. 결국 종부세 무력화로 지방교부금이 줄어들고 지방 복지예산의 감소로 이어져 어려운 서민들의 고통만 늘어가고 있다. 책임을 느껴 마땅한 일이다.

무조건 싼 것만을 찾는 소비자는 현명한 소비자가 아니다. 요모조모 따져 가격 대비 상품성과 현재의 재정상태를 잘 아우르는 것이 현명한 소비자이다. 정치소비자도 마찬가지다. 현명한 정치소비자는 감세를 지지하지 않는다. 대다수 시민들은 소외되고 소수 기득권을 위해 시행되는 감세를 지지하기보다는 내가 지불한 돈이 어디에 쓰이는지를 꼼꼼히 살피는 것이 현명한 정치소비자의 할 일이다.

누군가 정치판에 나와 감세를 주장하는 사람이 있다면 그 사람은 나쁜 정부밖에 할 수 없거나 사기꾼이라고 생각해야 한다. 지금 우리나라 대한민국에서는 감세를 말하는 감언이설의 지도자가 아니라, 소비자의 입장에서 좋은 정부를 설계하고 추진할 줄 아는 지도자가 필요하다.

이제 우리도 정부 덕에 호강하는 나라를 만들어야 한다. 기층의 주민들이 '정부 덕에 호강했다' '도지사 덕에 호강했다'는 말을 할 수 있는 국가가 복지국가이다.

나는 시민들이 그런 말을 할 수 있는 나라를 꿈꾼다. 부패하고 파렴치한 정치인에 대한 삿대질이 멈춰지는 대신, 세밀한 삶의 구석구석을 살펴 힘든 일은 덜어주고, 꿈꾸는 희망은 북돋아줄 줄 아는 정치를 만난다면 얼마나 좋겠는가? 정말로 멋진 상상이다.

그것이 바로 복지정부다. 그게 바로 사람 사는 세상이다. 이 땅에 사는 모든 국민에게 인간적 존엄과 인권을 보장하기 위해 노력하는 사회, 적어도 내가 고통에 빠졌을 때 그 고통을 정부가 이해하고 도울 것이라는 생각을 할 수 있는 사회가 되어야 한다.

다시 돌아보는 참여정부 비전 2030과 미래 비전

정부는 국가의 미래, 국민들의 미래의 삶에 대한 고민이 있어야 한다. 정부의 고민은 정책으로 나타나고 정책은 예산의 집행을 통해 이루어진다. 예산이 어떻게 집행되느냐에 따라 국가의 미래상황은 전혀 달라진다. 민주정부가 들어서기 전 우리 정치권은 눈앞의 일을 처리하는 데 급급했다. 5년짜리 정부의 5년짜리 예산계획만이 가능하던 때다.

그러다 보니 정권이 바뀔 때마다 무엇이든 처음부터 다시 시작해야 하는 행정의 비효율이 심했다. 정책의 연속성을 기대하기가 어려운 구조였다. 국가의 미래를 대비한다거나 국민들이 미래에 어떻게 살 것인가에 대한 구체적인 대책들은 엄두도 내지 못했다. 대통령 말 한마디에 산업단지가 생기고 국가의 국정목표가 세워지는 시대였으니 오죽했을까 싶기는 하다.

국민의 정부 들어 처음으로 중기 재정계획을 세우기 시작했다. IMF를 거치면서 실질적인 국가발전의 밑그림을 그려보기 시작한 것이다. 참여정부에 와서는 조금 더 장기적인 재정계획을 세우기 시작했다. 이미 우리에게 닥친 저출산·고령화는 심각한 사회문제를 야기하고 있는 중이고, 그대로 방치할 경우 국가의 미래에 가장 큰 위협 요인이 될 수 있었기 때문이다.

그 외에도 양극화와 수도권의 과밀, 제도의 경직성 등 곳곳에 널린 암초들을 미리 제거하고 새로운 준비를 해나갈 필요가 있었다. 이렇게 국가 미래에 대해 먼저 고민하고 연구하면서 완성된 것이 장기 재정계획으로서의 '비전 2030'이다.

박정희 정권의 경제를 주먹구구식 경제기획원이 대표했다면, 노무현 대통령의 경제는 비전 2030이라는 장기 재정계획이 대표한다고 말할 수 있다. 좋은 지도자는 눈앞의 먹이에 모든 것을 걸고 달려들지 않는다. 서민들을 위해서는 아무 쓸모도 없는 4대강을 파고 그 옆에 자전거 길을 내기 위해 수십조씩을 쏟아 붓는 것이 왜 필요한지를 설득해 내지 못하는 이명박 정부 입장에서는 이해 못할 일이기도 하다.

참여정부는 2003년 출범 이후 본격적인 미래대비를 위한 논의를 시작하였다. 과연 우리나라의 미래는 어떠해야 하는가에 머리를 맞댔다. '역동적 기회를 만드는 대한민국', '동반성장' 등이 키워드로 등장했다.

국민들이 살아갈 만한 새미와 환경을 가져야 한다는 의미에서 역동적 대한민국이고, 좌와 우가 대기업과 중소기업이 도시와 농촌이 경영자와 노동자 모두가 함께 같이 가야 한다는 의미에서 동반성장이었다.

이렇게 결정하고 국민들의 의견을 수렴하는 절차도 거쳤다. 국민들은 미래에 어떤 삶을 원하는가에 대한 질문을 일반국민과 전문가들, 그리고 각계 이해당사자들에게 던지고 의견을 모으기 시작했다.

수십 차례의 토론과 전문가 세미나를 거쳐 국민들이 바라는 바람직한 미래상에 대한 설문조사 등을 실시했다. 이를 통해 국민들이 가장 바라는 것은 '모두가 골고루 잘사는 사회'인 것으로 드러났다. 이 '모두가 골고루 잘사는 사회'라는 미래상에 맞추어 노후생활, 고용안전, 학교교육정상화 등 세부적인 우선 해결과제를 놓고 장기적인 해결방안과 비전을 세운 것이 비전 2030이다.

신자유주의를 말하는 시대다. 돈이 돈을 만들고 가진 자가 없는 자의 것을 빼앗아가는 신자유주의 사회에서는 가만히 두면 양극화가 점점 심화될 수밖에 없다. 게다가 우리나라의 출산율은 세계 최하위를 기록하고 있는 중이다. 사람들이 아이를 안 낳는다. 낳아도 기를 방법이 없기 때문이다. 남녀불평등 구조는 여전해서 아이를 가지면 여성은 직장을 잃기 십상이다.

사교육은 또 어떤가? 세계최강의 수준이다. 부모들은 버는 돈으로 자녀들 학원비 대기도 허덕이는 삶을 산다. 집값은 왜 이리 비싼지 정상적인 과정으로는 평생 벌어도 서울에 집 한 채 사기 어렵다.

급격한 노령화도 심각한 문제이다. 2005년에 인구 7.7명이 한 명의 노인을 부양하던 것이, 2050년이 되면 1.4명이 노인 한 명을 부양해야 할 날이 온다.

이런 문제는 누가 해결해야 하나. 당연히 정부가 해야 한다. 당장 시급한 것은 빨리 처리하고, 장기적으로 미리 예방해야 할 것은 지금부터 착실히 준비해서 미래에 어려움에 빠지지 않도록 하는 것이 좋은 정부이다.

이렇게 사회적 문제가 산재해 있으니 미리 잘 살펴보고 한 세대를 앞서는 장기적인 계획을 세워서 준비해 나가자는 것, 이것이 대한민국의 지속적인 성장을 가능하게 하기 위한 국가전략, 비전 2030의

내용이었다.

지금은 한 치 앞을 내다보는 능력이 절실한 때다. 우리 사회는 해결하기 힘든 위험요소가 코앞에 널려 있는 사회이다. 4대강을 파서 건설업자의 배를 불리고, 일용직 저소득 노동자를 늘려 놓고는 고용을 창출했다 말한다. 옆집은 노후준비다 자녀교육이다 하며 분주히 돌아가는데, 여전히 일부 기득권의 자기 배불리기에만 여념이 없는 정부가 지금 이명박 정부이다.

참여정부의 장기비전을 통째로 엎어버린 이 시점에서 우리는 그동안 잘 몰랐던 비전 2030의 가치를 새삼 절감하지 않을 수 없다. 우리는 오늘을 살 뿐만 아니라 미래에도 여전한 삶의 존엄과 행복을 추구해 가고 싶은 사람들이다. 그러므로 나는 요구한다. 이명박 정부가 구상하는 이 나라 미래비전은 과연 무엇인지를 말이다.

비전 2030은 이명박 정부가 들어서면서 폐기되었다. 5년 단임정부가 20년 장기계획을 세우는 것은 맞지 않는 일이라고 했다. 그들의 논리대로라면 우리나라는 4~5년짜리 계획 말고는 생각도 하지 말아야 한다. 또한 그들은 비전 2030을 일러 장밋빛 정략일 뿐이라고 폄하했다.

그러는 와중에 우리는 향후 10년 후 20년 후를 내다볼 수 있는 지도를 잃어버렸다. 각종 현안을 지금까지 방치해 두었던 결과가 양극화로, 출산율 저하로 나타나고 있는 것이다.

비전 2030은 미래비전이기도 하지만 민생문제의 해결을 위한 방안이기도 했다. 경제만 살아나면 민생문제가 해결된다고 생각하는 사람들이 있지만 현실은 전혀 그렇지가 않다.

지금은 고용 없는 성장이 지배하는 시대이고, 양극화가 빠르게 진행되고 있다. 경제가 살아나도 서민들이 직접 그 열매를 따기는 어려운 상황이다. 문제를 해결할 열쇠는 정부가 가지고 있다. 정부가 의지를 가지고 문제점을 마주하고 과실을 나누려는 정책을 펴 나가야만 가능하다.

이미 눈에 보이기 시작하는 불안한 미래를 타개하기 위해 비전 2030은 지금이라도 당장 복구되어야 한다. 시급한 민생문제의 대부분이 장기적이고 구조적인 문제들과 연결되어 있기 때문이다. 시장 바닥에서 벌이는 서민 퍼포먼스로는 국민의 생존을 담보할 수 없다.

비전 2030의 이름은 '함께 가는 희망한국 비전 2030'이었다. 바로 이 이름에 모든 것이 녹아 있다. 함께 가자는 것은 '모두가 골고루 잘사는 사회'를 만들자는 것이다. 출발은 동반성장이다. 대기업과 중소기업이 함께 성장하고, 도시와 농촌이 서로 협력하여 삶의 질을 끌어올리며, 수도권과 지방이 함께 상생하는 나라, 그것이 모두가 함께 가는, 비전 2030이 계획하는 장기 국가계획이다.

'누구나 열심히 노력하면 잘살 수 있는 사회'가 되어야 한다. 노력한 만큼 얻을 수 있어야 생동감 넘치는 사회가 된다. 그래야 모두가 자신의 자리에서 최선을 다할 수 있게 된다.

'경쟁에서 낙오하더라도 다시 재기할 수 있는 사회'가 좋은 사회이다. 어느 사회에나 음지가 있다. 어렵고 힘든 사람들, 경쟁의 틀을 이겨내지 못하는 사람들에게도 기회가 주어져야 한다.

'모든 국민이 편안하고 안전하게 살 수 있는 사회'가 되어야 하고, '믿음을 바탕으로 갈등이 합리적으로 해결되는 안정된 사회'가 되어야 한다. 그리하여 소득뿐만 아니라 삶의 질이 함께 높아지는 일, 이것이 바로 국가가 국민을 위해 준비할 가장 큰 정치이자 사명이어야 한다.

그러나 당장 삽질이 중요한 이 정부에서는 감당하기 어려운 계획이다. 감세를 주장하고 그 혜택을 가진 자들에게만 돌려주려는 정부에서는 모두가 잘살자는 계획 자체가 사치스러운 것일 수도 있다. 5년짜리에 머무르려는 그들의 입장에서는….

참여정부는 이를 어떻게 추진해 나갈 것인가, 그 가능성은 어떻게 만들어 갈 것인가에 까지 깊이 있는 정책방향을 내놓은 바 있다. 정책의 두 축은 제도혁신과 선제적 투자이다. 제도가 바뀌지 않은 상태에서 펴는 정책은 여러 가지 문제를 노출한다. 돈이 들어가도 결과가 나오지 않고 밑 빠진 독에 물붓기식으로 예산이 낭비되는 경우가 허다하다.

정책을 효율적으로 뒷받침하기 위해서는 제도의 혁신이 필요하다. 제도는 시스템이다. 사회가 변하고 환경이 변하면 시스템도 변해야 한다. 낡은 시스템은 환경을 따라잡지 못하고 걸림돌이 되고 만다. 낡은 제도를 고치고 새로운 시대에 맞는 제도를 과감히 도입함으로써 미래창조적인 효율성을 높여갈 수 있다는 것이 첫 번째 추진동력이다.

또 제도만으로 되는 것은 아니다. 미래상황에 맞는 시스템이 정비되면 재정을 투입해야 한다. 그렇다고 한 번에 무리해서 재정을 넣자는 것이 아니다. 비효율적인 재정 부분은 줄이고 재정 건전성을 해치지 않는 선에서 지금부터 미리 투입하면 미래의 위기상황에 대비할 수 있다는 것이다. 나중에 가래로도 못 막을 상황을 만들 게 아니라 바로 지금의 호미질부터 차근차근 준비해 나가자는 것이다.

이렇게 준비해 가면 앞으로 20년 후, 전 국토가 함께 성장하고 '모두가 골고루 잘사는' 미래는 가능해진다. 하지만 지금 대한민국의 미래가 벽에 부딪혀 있다. 미래에 대한 비전 없이 당장 눈앞의 문제를 해결하자고 일용직 저임금 노동자를 늘렸다가 일시에 실업에 이르게 하는 정책으로는 비전 있는 국가의 미래를 꿈꿀 수가 없다.

말로는 중도실용을 외치면서 모든 정책은 반서민 친부자, 반노동자 친재벌에 맞추고 있는 이명박 정부로 인해 '모두가 잘사는 나라'를 위한 참여정부의 장기 재정계획이 폐기처분되어 버렸기 때문이다. 이 또한 우리가 제자리로 돌려놓아야 할 중요한 과제이다.

지방 구성원 모두가 함께 참여하는 교육자치

교육이 바로 서야 국가가 바로 선다. 우리 사회에서 꽤나 오래된 진리이다. 왜곡되고 비이성적인 교육구조로는 건전한 국가의 미래상을 꿈꿀 수 없다. 하지만 교육이 백년지대계라고 말은 하면서도 이 중차대한 교육에 무엇을 담아야 할지에 대한 고민 없이, 무한경쟁만을 강조하는 것이 우리의 교육현실이다. 이른바 경쟁력 우선의 논리이다.

돌이 지나기 전부터 영어공부를 시작하고 국제중학교를 가기 위해 유치원부터 프로그램을 돌리는 나라가 지구상에 또 존재할까? 몇 개 되지도 않는 특목고 열풍이 대다수 평범한 학생들의 교육터전인 공교육을 무너뜨리고, 사교육 시장이 국가교육의 사실상의 주인이 되고 있는 나라가 또 어디에 있을까. 이것을 변화시키지 않은 채 나라의 미래를 논할 자격은 없다고 생각한다.

이 교육문제는 지방자치에서 빼놓을 수 없는 주요 분야이다. 예로부터 말은 낳으면 제주도로 보내고 사람은 낳으면 서울로 보내라는 말이 있었다. 서울중심의 가치관이 제법 뿌리가 깊었던 모양이다. 지방과 교육문제, 여기에 기업의 지방이전 문제는 매우 긴밀한 연결고리를 형성하여 작동되고 있다.

지방에 산업시설이 늘어나도 자식들 교육 때문에 지방으로 가는 것을 포기하거나 아예 가족과 떨어져 지내는 선택을 하게 되는 것이 일반적이다. 따라서 이런 문제들을 어떻게 풀어갈 것인가 하는 것이 중요한 정치적 주제로 떠오르고 있다.

우리 아이들의 교육현실은 말할 수 없이 열악하다. 상상력을 키우고 사회의 구성원으로 사회적 가치를 확립해야 할 초·중등교육이 무한경쟁으로 내몰리고 있다. 일제고사라는 이름으로 모든 아이들을 한 줄로 세워놓고, 그 자리에 경쟁이란 괴물을 붙여 놓으니 아이들은 숨 쉴 공간을 잃고 말았다.

사교육 시장은 어려운 경제상황 속에서도 끊임없이 팽창하고 있고, 아이들과 학부모들은 사교육 시장의 볼모가 되어 있다. 아이들이 즐겁게 공부할 수 있는 환경, 사교육으로 내몰리지 않아도 사회구성원으로 잘 교육되는 사회가 되어야 한다.

지난 민주정부 10년의 성과로 교육분야도 어느 정도 제도적 독립성을 확보해 가고 있는 상황이었다. 교과부의 일방적인 지침으로 진행되던 교육정책이 교육감 직선제로 인해 교육자치라는 큰 변화를 이루어 낸 것이다. 하지만 이양되어 주어진 역할이 적은 데다 정부가 만들어 놓은 여러 장치들로 인해 실제적인 자지운영의 폭은 뚜렷한 한계를 드러내고 있다. 교과부의 마음에 들지 않는 지역에 대한 일방적인 교육자치 흔들기 또한 심각하게 자행되고 있다.

더 큰 문제는 교육자치를 추진하고 지원해야 할 교육청과 지방정부의 교육이념의 차이와 부조화가 아이들에게 직접적인 피해로 이어지고 있다는 것이다.

경기도 교육감에 대한 교과부와 경기도의 지나친 공격은 지방정부와 자치 교육당국이 함께 협력하고 좋은 교육환경을 만들기 위해 노력하는 것이 얼마나 중요한지를 보여주는 일례이다. 그래서 지방지도자가 교육의 핵심의제에 대해 고민하고 정치적 담론으로 효율적으로 협력해 가는 것이 필요한 시점이다.

공교육 강화, 사교육 철폐, 그리고 아이들과 학부모들이 원하는 교육환경으로의 변화, 무상급식 등의 문제를 푸는 데는 지방지도자의 교육에 대한 철학이 전제되어야 한다. 한 지역의 지도자로서 지방자치단체장은 이런 정책들에 대해 함께 고민해야 한다. 단체장과 자치교육감과의 연대는 교육문제를 둘러싼 여러 문제에 대한 해법으로서, 현실적 교육정책 수립과 실행에 좋은 본보기가 될 것이다.

교사에 대한 지원도 뒤따라야 한다. 학교행정이 시스템화되어 가면서 교사의 일거리가 더 늘어가고 있다. 학급당 학생 수가 많이 떨어졌다고는 하지만 선진국 수준에 비하면 아직도 많은 것이 현실이다. 재정지출을 줄인다는 이유로 기간제 교사를 채용하는 학교가 늘어가고 있는데, 이래서는 교육의 질이 보장되지 않는다. 교육의 질은 교사의 수준에 따라 달라지는 법이다. 즉 교육의 수준이 교사의 수준을 넘을 수는 없다는 얘기다.

교사가 양질의 교육을 할 수 있는 환경이 만들어져야 한다. 교사에게 실질적인 연수 등 재교육의 기회가 주어지고 학급당 학생 수를 더 줄여야 한다. 장기적으로는 교사들이 가르치는 일에만 모든 것을 쏟아 부을 수 있도록 행정전문교사 체제가 도입되어야 한다.

아이들이 학교에서만큼은 차별받지 말아야 한다. 급식 때문에 눈칫밥을 먹거나 아예 점심을 먹지 못하는 아이들이 있어서는 안 된다. 공부하는 아이들이 점심조차 배불리 먹지 못하는 현실은 우리나라가 아직도 교육후진국임을 드러내는 것이다.

떳떳하게 밥도 먹지 못하는 아이들이 있는 상황에서 성적대로 줄 세우기와 경쟁만을 강조하는 교육은 아무리 생각해도 옳지 않으며 비인간적이다. 모든 아이들이 평등하게 모두 즐길 수 있는 그런 환경을 먼저 만들어야 한다. 우리 아이들이 좋은 꿈을 꿀 수 있는 교실이 되어야 한다.

교육은 공교육에서 시작해야 한다. 공교육이 무너지면 교육양극화는 심화되고, 교육의 대물림 현상은 고착화된다. 2007년 통계청 발표에 따르면 월평균 소득 7백만 원 이상 계층과 1백만 원 미만 계층의 사교육비 격차가 9배에 달했다. 성적 상위 10% 아이들의 사교육 참여율이 90%에 이르는 반면, 하위 20% 아이들의 사교육 참여율은 50% 정도라고 한다. 사교육의 많고 적음이 성적에 큰 영향을 미친다는 것이 확인된 셈이다.

이런 교육환경을 타개할 유일한 방법은 공교육을 정상화시키는 것이다. 정부는 공교육 강화를 위한 모든 대안을 내놓아야 한다. 공교육을 바로 세우기 위해서는 어떤 정치적 고려나 외부의 압력에도 굴복하지 않고 정책을 추진해야 한다. 학교현장이 합리적 시스템 안에서 자율적이며 효과적으로 운영되도록 도와야 한다.

지금까지 교과부의 일방적인 지시형 교육행정을 개선하는 것도 중요하다. 가장 유용한 방법이 자율형 공립학교에 대한 지원을 강화하는 것이다. 각 지역마다 조금씩 다른 특수환경을 가지고 있다. 지역의 환경에 맞는 교육수요를 창출해 내고 아이들이 올 수 있도록 하는 것이 합리적이며 효과적인 방법이다.

이를 위해 지역민 모두가 머리를 맞대야 한다. "한 아이를 키우는 데는 온 마을이 필요하다"는 아프리카의 속담처럼 학교는 마을 공동체의 협력을 통해서 바르게 세워질 수 있다.

학교운영자, 학부모와 학생, 그리고 지역사회가 합의를 통해 학교운영의 틀을 만들어 가는 창조적 운영이 가능해야 한다. 지역사회가 합류하여 합리적으로 만들어진 커리큘럼이나 운영계획안에 권한을 대폭 위임하고 지원하는 자율형 공립학교의 확대는 앞으로 지방정부가 만들어 가는 교육행정의 밑그림이 되어야 한다.

분권지도자 연대가 필요하다

지금까지 수도권 지도자들은 수도권의 이익을 위해 국가 전체의 이익에 반하는 정책들을 취해왔다. 탱크라도 동원해서 수도이전을 막겠다던 서울시장 이명박은 대통령이 되어서 지방분권과 균형발전의 시계를 거꾸로 돌리고 있으며, 행복도시의 백지화를 주도하고 있다.

김문수 경기도지사는 경기도의 이익을 위해 국가의 조화로운 발전을 저해하는 발언을 서슴지 않고 있다. 나는 대한민국의 시민으로서 김문수 경기도지사에게서 보편타당한 대한민국의 미래비전에 대한 이야기를 한 번도 들어본 적이 없다.

어떻게 하면 경기도의 이익만을 추구할까, 그나마 부잣집이 어떻게 하면 부를 더 축적할까에만 관심이 있을 뿐이다. 더 큰 문제는 그렇게 말하는 그들의 목표가 대권이라는 데에 있다. 그 결과를 우리는 수도권공화국 이명박 정부를 통해 지방의 사막화라는 현실로 마주하고 있는 것이다.

이제는 이에 맞서 정치적 리더십이 있는 지방분권의 도전세력이 필요한 때이다. 지방분권의 의지가 약해지고 오히려 수도권의 집중을 추구하는 이명박 정부 하에서 저절로 감이 익어서 떨어지기를 바라는 것은 어리석은 짓이다.

지방자치정부 15년 동안 임명직 시장·군수가 선출직으로 바뀌었을 뿐 권한에서는 별반 차이가 없게 된 책임의 절반은 지방지도자들에게 있다. 참여정부는 균형발전을 위해 권력의 핵심역량을 집중적으로 쏟아 부었다.

노무현 대통령은 이미지 이벤트 같은 것을 싫어하시는 분이었다. UAE 원전수주같이 이미 협상이 끝나고 거의 결정이 되어가는 일에 다녀오시라고 했다면, 다 된 일에 뭐 하러 쇼하러 다니냐며 크게 화를 내고 마셨을 것이다. 그런 분이 균형발전 정책을 위해서는 모든 것을 손수 챙기며 지역별 순회를 하면서 끝까지 지켜 내고자 노력했다.

이런 중앙정부의 노력에 비해 지방정부의 노력은 적었다고 한다. 지방정부의 힘이 세력화되고 그 힘으로 정부를 압박하는 분권의 노력이 지방정부 자체에서는 추진되지 않았던 것이다.

이것이 마지막까지 분권이 체계화되지 못하고 만 이유 중의 하나다. 결국 지금의 현실은 서울에 집중된 중앙권력을 나누지 못한 데서, 그리고 중앙권력에 맞설 지방지도자들이 없었다는 데서 그 원인을 찾아야 한다.

지방자치의 핵심이 행정개혁으로 비쳐지는 경우가 있다. 숫자에만 집착한 3% 공무원 퇴출 등 오세훈식 행정개혁은 결국 전시행정에 지나지 않는 것이었다. 지방정부가 행정개혁을 통해 추구해야 할 궁극적 목표는 적은 공무원으로 똑같은 질적 서비스를 제공한다는 초보적 단계가 아니라, 실질적으로 좋은 사회를 만들기 위해서 어떻게 혁신할 것이며, 어떻게 새로운 것을 주도해 내느냐에 있다. 이제는 지방정부와 지도자의 역량이 더 좋은 사회를 만들기 위한 자기창의력 개발과 혁신주도로까지 나아가야 한다.

그리고 거듭 강조해도 모자라지 않은 것이 분권운동이다. 중앙권력에 맞서 실질적인 지방분권이 이루어져야 한다. 분권운동의 역량을 위해서는 정치적 역할이 더욱 강조되고 강화될 필요가 있다. 지방의 자치행정이나 주요정책들이 중앙정부에 의해서 모두 결정되어 버리는 현 권력구조로는 지방자치 역량을 키워 가기가 어렵기 때문이다.

하지만 각 지역의 자치역량이나 리더십은 뚜렷한 한계를 가지고 있다. 어떻게 중앙권력에 맞서 지방분권을 쟁취하고 모두가 골고루 잘사는 나라를 만들어 갈 수 있을 것인가.

이에 대해 나는 분권지도자 연대를 제안한다. 중앙정치에 대항해 지방이 연합하여 분권을 현실화해 내는 정치적 리더십을 조직화해 내는 것이 꼭 필요하다. 지방의 힘이 세력화되어 중앙정부에 합리적인 힘의 분산을 요구하는 것, 이것이 제대로 가는 민주주의 길이라는 대의가 지방지도자들에게서 모아져야 한다.

함께 싸우고 요구해서 만들어 가는 지방분권의 힘만이 대통령제하의 중앙권력의 폐해를 극복할 수 있다. 이는 지금까지 지역주의를 볼모로 안주하고 있던 지역 정치세력에게도 도전이 되어 새로운 정치구조를 만드는 계기가 될 수도 있다. 따라서 '분권지도자 연대', 이것이 지방자치 시대의 새로운 화두가 되어야 한다.

지방의 분권투쟁이 지방의 이익만을 위해 싸우자는 것은 절대 아니다. 정치투쟁의 궁극적 목표는 대한민국 전체의 이익이 되어야 한다. 이른바 분권지도자 연대는 각자 자기가 속해 있는 시와 도, 자치구역을 위해 싸우지만 결과적으로는 국가의 이익을 고려할 수 있는 지도자가 되어야 하는 것이다.

지방이 잘살자고 서울과 수도권을 투쟁의 대상으로만 보는 것은 잘못된 관점이다. 수도권과 지방이, 중앙권력과 지방권력이 서로 균형을 맞추며 국가이익을 위해 발맞추어 나가야 한다. 지금까지 소외되었던 지역을 살리는 정치투쟁인 분권운동과, 과밀한 수도권과 낙후한 지방을 효율적으로 발전시켜 전체 국가의 이익을 증진시키는 균형발전을 동시에 고려하고 추진할 줄 아는 것이 지방정부 지도자의 중요한 덕목이 되어야 한다.

이 싸움에 안희정이 나서는 이유

그동안 참으로 많은 일을 겪었다. 독재권력과의 오랜 민주화투쟁도 했고, 국민의 인권과 기본권을 지키기 위한 많은 노력도 해왔다. 결국에는 김대중·노무현 대통령을 모시고 민주정부를 만드는 기쁨도 누렸다. 감옥에 다녀오는 일도 수차례 겪어야 했다. 이 정도면 만족하고 정치 그만두고 봉하 마을에서 노무현 대통령 모시고 농촌의 풀뿌리 민주주의 운동을 도울까 생각하기도 했다.

하지만 그러기에는 나는 아직 젊고 해야 할 일이 남았다는 생각이 들었다. 맨 처음 내가 이 길에 들어설 때의 초심을 대고 현재의 나를 들여다보았다. 역사의 진보와 함께 가는 삶. 그것을 가로막는 그 어떤 억압과도 맞서 싸우리라는 푸른 정의감, 평범한 사람들이 정직하게 일하며 삶의 평화로움을 누릴 수 있는 세상을 만들겠다는 다짐들 속에, 어느덧 대한민국 정치일선의 한복판에 서 있는 자신을 보았다. 그것이 스스로 정한 나의 길이며 역사적 소명이었다. 그러나 과연 지금까지 나는 무엇을 이뤘나 하는 질문에 쉽사리 답할 수는 없었다.

그리고 노무현 대통령의 죽음을 보았다. 그 억울한 죽음 앞에 통곡하며 했던 다짐은, 이제 내가 당신의 나머지 길을 이어 가리라는 것이었다. 정치하지 말라던 그 역설의 의미는, 바로 이 땅의 민주주의를 완성하라는 것이었다. 나 안희정이 나머지 길을 완주하는 것으로 대통령의 비극적 죽음의 의미를 살아 있는 한국정치의 교훈으로 되살려야 했다.

지금 지방자치의 무대에 나서고 있는 안희정은 바로 지역주의의 극복과 국민통합이라는 우리 민주주의 진영의 과제를 안고 새로운 출발을 하고자 한다. 앞선 우리의 정치지도자 김대중, 노무현 대통령의 숙원이기도 했던 꿈. 나는 그분들의 못다 이룬 꿈을 대신 이어 가는 것에 나머지 정치인생을 걸고자 한다. 또한 이것이 지방자치실무연구소부터 시작해 지금까지 내 핏속을 흐르며 떠나지 않았던 유전자이기도 하다.

이명박 정권 등장 이후 벌어지는 일련의 퇴행적 징후들 속에서 다시금 민주주의의 희망을 살려내는 것이 나의 바람이다. 안희정이 유권자들의 선택을 받음으로써, 지난 민주정부 10년의 가치를 복원하고 싶은 것이다. 그것은 사회 민주화의 주역으로서 일익을 담당했던 386세대의 정치적 명예회복을 의미하기도 한다. 그리하여 그간 한나라당으로 대표되는 수구세력에 의해 날조된 '무능'과 '무책임'의 오명을 날려 버리고자 한다.

지방선거라는, 이명박 정권을 심판하는 중요한 정치적 계기를 통해 살아 있는 민심의 선택을 받고자 노력할 것이다. 다시금 깨어 있는 시민의 조직된 힘의 가능성을 열고 싶은 것이다.

대한민국 전체가 더불어 살아가는 미래를 위한 지방분권운동, 이를 통해 이 시대의 꿈과 영감을 실현해 내는 일, 지금 나 안희정이 대한민국 정치의 한가운데 서 있는 존재이유이다.

살아남은 자의 슬픔, 살아남은 자의 희망

우리는 이루고자 했던 꿈을 다 이루었는가?

2008년도 여름, 노무현 대통령이 봉하 마을을 떠나 휴가를 나섰다. 퇴임 후 쉬겠다고 고향마을에 내려간 양반이 거기서 나오는 게 휴가가 돼버리는 이상한 상황이기는 했다. 아무튼 그때 이광재 씨도 있고 나도 참석했던 그 자리에서 대통령이 불쑥 이렇게 물으셨다.

"우리가 이룩하고자 했던 거 다 이룩했다고 생각하나?"

아주 간결한 한마디였으나 어쩐지 나에겐 심상이 묵식해지는 그런 물음이었다. 동석한 이들은 이래저래 '많이 하지 않았나', '좋은 일 많이 하셨고 대통령이 큰 역사적 업적을 이뤘고…' 하는 얘기들을 하다가 끝나 버리고 만 대화였는데, 그때의 그 질문이 여전히 내게는 화두로 남아 있다.

그래, 우리는 정말 무엇을 이루어 냈던 것일까?

거창한 역사적 대의는 차치하고 맨 처음 우리는 원칙과 상식이라도 지켜보자는 싸움을 그리도 처절히 치러야 했었다. 깡패 같은 놈들이 갑자기 고스톱 치다가 자기가 룰 만들어 가지고는 '이 조커카드 하나면 모든 거 한 장씩 다 가져올 수 있어' 하며 제멋대로 난장 부리는 그런 판에서, 남들 다 알고 있는 수준의 고스톱 룰이라도 좀 지키자고 했던 것이 첫 번째 투쟁이었다.

두 번째는 비로소 민주주의를 만들어 가는 투쟁.

작동가능한 민주주의 국가체제를 만드는 과정이었다. 민주적 정치를 할 수 있는 제도와 시스템을 만드는 일이다. 지난 민주정부 10년의 과정이 이에 해당한다. 그리고 그다음 단계가 바로 지금이다.

지금 우리는 어떤 민주주의를 할 것인가, 어떠한 진보를 향해 나아갈 것이냐의 문제 앞에 당도해 있다. 이렇게 흘러온 자체가 또한 진보임을 우리는 알고 있다. 맨 처음의 척박했던 그 자리부터 어느새 여기까지는 와 있는 것이다.

어떠한 진보를 향해 나아갈 것이냐의 문제는 청와대 문패 권력만 가지고는 어림없는 일이다. 그것은 지금까지의 경험으로만 봐도 충분히 증명되었다. 그것은 더 좋은, 그리고 더 많은 민주주의를 삶의 과정에서 실현하는 일과 관련된다. 곧 지방의 작은 정부들이 실질적으로 이룩해 내야 하는 일이다. 지난 1991년, 30년 만에 부활한 지방자치제도를 통해 큰 붓의 그림을 그렸다면 우리는 이제 비로소 그 내용적 결실들을 채워 나갈 때가 된 것이다. 포문을 열어 젖히고도 제대로 된 지방자치의 실질적 구현을 할 역량이 부족한 시기가 있었다면, 그간 성장한 시민사회의 역량은 이제 또 다른 차원의 한 발을 내디딜 준비를 갖추었다고 볼 수 있다.

그런데 그것이 지금 엉뚱한 위기를 맞고 있는 중이다. 기껏 준비해 온 음식들을 잔칫상에 올리기도 전에 엎어 버리는 행패를 눈앞에서 보고 있는 것이다. 바로 이명박 정부의 세종시 수정안으로 대표되는 일련의 사태가 그런 일이다. 이로써 우리는 다시금 분권화냐 아니냐를 가르는 싸움으로 갈라지려 하고 있다.

이미 법으로까지 결정된 정치적 합의사항까지 일거에 뒤집고 마는 현 정권의 행태 덕분에 역사의 시계는 다시 10여 년 전으로 후퇴해 간 느낌이다. 그러나 느리고 더디더라도, 역사의 진전을 가로막는 수구세력의 반격이 거셀지라도, 역사의 방향은 결국 진보의 방향을 향하게 되리라는 것을 우리는 확신할 수 있다. 누구도 그 흐름을 되돌릴 수는 없는 법이다.

분권은 중앙정부로부터 무엇을 가져오는 것으로서의 분권투쟁도 있지만, 제 할 일을 제대로 하는 '좋은 정부'로서의 지방정부의 역할 문제도 동시에 포함되어 있다. 이 두 가지를 동시에 수행하는 일이 우리 시대의 과제인 것이다. 지방의 작은 정부 단위가 주권자들에게 실질적 이익을 주고, 그 이익의 내용이 국가운영을 향한 권력투쟁의 큰 준거가 되게 하는 그 시대를 우리가 한번 만들어 보는 것이다.

그런데 막상 이런 논리구조를 세워놓고 보니, 풀어야 할 숙제가 한두 가지가 아니다. 그러자면 먼저 자치분권과 권한쟁의 투쟁부터 해야 된다. 무엇보다 시역 국회의원들의 눈치나 보면서 다음 번 공천 따놓는 일에나 목매는 자치단체장으로는 어림없다. 실질적으로 이 지방분권 시대의 정치적 담론을 끌고 가는 성지지도자로서의 난제장이 되어야 한다.

그렇다면 이 힘을 어디서부터 만들 것이냐가 문제다. 관건은 지방자치 세력 및 지방분권 세력의 정치세력화다. 그렇게 해서 그들이 자치입법권, 자치재정권, 자치조직권 등을 실질적으로 요구할 때라야만 서울 중앙권력 중심의 폐해를 극복할 수 있다.

당신이 원하는 정치를 선택하라! 소비하라!

386세대가 치러야 할 마지막 민주화투쟁의 과제로서, 지방분권은 궁극적으로는 '더 좋은 정부'를 만드는 운동이다. 이것은 거창한 시대담론이나 큰 방향성을 제시하는 것에서 한 걸음 더 나아가 구성원들이 구체적인 삶의 현장에서 느낄 수 있는 진전된 삶의 목록들을 갖게 만드는 일이다. 흔히 어르신들이 얘기하는 '나라 덕에 호강 한번 해보는' 그런 느낌을 갖게 하자는 것이다. 그런 목록들을 하나씩 늘려가는 그것이 곧 풀뿌리 민주주의요, 생활정치의 실내용이다.

하나의 예를 들어 보자면, 바로 이런 것이다. 내가 태어난 고장 충남의 농촌마을에는 현재 65세 이상 인구가 25%에 육박하고 있다. 그 시골에서 이른바 자식농사에 성공했다는 소수의 노부부들을 제외한 나머지는 대부분 어떤 생활을 하고 있는지, 그들의 평균 경지면적이 얼마나 되고, 한 달 생활비가 얼마가 드는지, 그들은 아플 때 어떤 치료를 받고 있는지 하는 것들에 대해 지방정치는 좀더 세심한 통계를 내고 그들에 대한 현실적인 보살핌이 가능하도록 해야 한다.

한나라당은 툭하면 산업화 시대 우습게 보지 말라는 얘기를 하는데 산업화 시대의 실질적인 주역은 박정희가 아니라 시골에 남아 있는 바로 우리들 부모세대다. 과연 우리 사회는 지금 그들에 대해서 말로만이 아닌 실질적 도리를 다하고 있는지를 따져야 한다.

사실상 65세 이상 노인의 대부분은 다 국민연금의 사각지대에 놓여 있는 것이 현실이다. 이들에게 기초노령연금제를 통해 8만 5천 원씩을 지급하고 있는데, 그마저도 현실적으로 운영이 잘 되고 있는지, 노인복지센터나 재택노인 돌봄서비스나 이런 복지의 인덱스들이 어떻게 되고 있는가를 잘 따져봐야 한다.

그리고 10년 뒤 20년 뒤 이 고령화 시대의 인구추세가 어떻게 변화할 것인지도 고려하여 이 각급 지방정부는 어떤 준비를 해야 되는가를 하나하나 챙겨야 한다. 바로 이런 것이 삶의 문제를 해결해 나가는 지방정치의 몫이다.

지방자치에서 아이들 교육문제는 특히 중요하다. 결과적으로 지방에 기업을 유치하고자 할 때에도 가장 큰 애로사항이 직원들의 자녀 교육 문제이다. 웬만하면 대도시로, 심지어는 외국유학까지 불사하는 이 시대에 굳이 열악한 교육환경 속으로 아이들을 데리고 내려갈 사람은 없다. 그렇기 때문에 이 교육문제를 어떻게 풀 것이냐는 상당히 중요한 항목이 될 수밖에 없다. 특히 우리나라에서 교육문제는 늘 중요한 정치적 주제가 되어왔다. 지역자치단체장 선거 시 반드시 중요한 주제로 다뤄질 수밖에 없는 항목이다.

그만큼 풀기 어려운 난제 가운데 하나인 이 교육자치의 문제에 대해서 나는 먼저 학부모들에게 묻고 싶은 것이 있다. 학부모들은 과연 어떤 교육을 원하는 것인지, 자녀들을 어떻게 키우려고 하는 것인가를 말이다.

일반적인 부모라면 누구나 자식들이 다 명문대에 들어가길 기대한다. 그러나 안타깝게도 우리의 자녀들이 국영수에 재능이 없는 경우가 훨씬 더 많다는 사실을 인정하지 않으면 안 된다. 적어도 부모의 기대에 준해서는 늘 부족하기 바련이다. 하지만 국영수 좀 못한다고 그 아이들이 인간적으로 부족한 것은 아니다.

현실적으로 그 아이들이 무엇을 준비해서 행복하게 살 수 있는지를 함께 찾는 교육이 필요하다. 국영수로 줄 세워 놓고 아이들 기를 다 죽여 버린다면, 그것은 아이들이 이 세상을 살아갈 최소한의 밑천마저 빼앗기는 일이 될 것이다. 이런 일부의 재능만 갖고 아이들을 서열화시킬 게 아니라 이 다양한 아이들의 개성과 역량을 개발해 키울 수 있는 공교육 체제를 마련해야 할 것이다.

교육, 노인, 여성, 다문화 시대 등 이 시대를 대표하는 복지과제들이 있다. 이미 참여정부의 비전 2030에서도 제시된 바 있고, 실상 어느 정권이든 다 잘 하겠다고 얘기한다. 그러니 유권자들은 투표할 때마다 헷갈릴 수밖에 없는데, 정신 바짝 차리고 봐야 한다.

최소한 지금 과연 누가 더 현실적이고 실현가능한 복지정부의 비전을 갖고 있는지를 가리는 기준 하나를 말한다면, 나는 수도권 규제 완화하고 감세하겠다는 사람들은 절대로 찍지 말아야 한다고 말할 것이다. 그것이 지금 한나라당이 표방하는 정당 브랜드인바, 그것으로 서민들의 복지를 창출할 수 있기는커녕 오히려 그 반대방향으로 갈 뿐임을 우리는 분명히 보고 있다.

좋은 유권자가 좋은 정부를 만든다. 제대로 된 좋은 정부의 정책을 알아보는 성숙한 정치적 눈높이를 가진 이 시대의 유권자들은 적어도 '감세'라는 포퓰리즘의 이면을 꿰뚫을 만큼은 성장했다고 생각한다. 싸기만 하면 장땡이던 시대는 지나갔다. 요즘은 주부들도 무조건 싸기만 한 상품을 집어 드는 대신, 정말로 자기가 원하는 물건인지, 불필요한 거품은 없는지를 꼼꼼히 따져보고 선택할 줄 알기 때문이다.

소비자 주권 시대다. 바야흐로 좋은 정부의 인덱스와 좋은 유권자의 좋은 정치적 선택이 이 시대의 진보적 가치를 실현해 간다. 이제 유권자들은 자신의 요구에 부합하는 정치인을 선택하고 자기가 원하는 정치를 선택하는 정치소비자로서 거듭나야 한다. 정치와 정책의 소비자로서 자신이 어떠한 권리를 가지고 있는가를 따져 물어야 한다. 그리고 좋은 정치의 소비를 위한, 좋은 정부를 갖기 위한 세팅을 이제 지방으로부터 이끌어 내야 한다.

대한민국의 희망목록을 만드는 정치

더러 부정적 평가들이 없는 것은 아니지만, 하나의 사회현상으로서의 의미를 부여받은 우리 386세대는, 대한민국 민주화에서 매우 강렬하고 의미 있는 경험을 공유하고 있는 사람들이다. 우리는 독재자 박정희, 전두환 권력을 무너뜨린 가슴 벅찬 승리의 기억을 가지고 있다.

그러나 그 후로도 오랫동안, 우리 앞에는 여전히 산적한 민주주의의 과제들이 남아 있었다. 정경유착, 권언유착이 판을 치며 뿌리 깊은 특권구조를 재생산하고 있었지만, 그럼에도 우리는 민주정부 10년의 역사를 이루어 냈고, 형식적, 절차적 민주화의 과제를 넘어서는 진보를 이룩했다. 그 가운데 가장 의미 있는 성과는 시민사회의 정치적 성숙 정도가 이제는 과거와 같은 몰상식하고 극단적인 독재를 더 이상은 허용할 수 없는 수준으로까지 올랐다는 데 있다.

성장한 시민세력의 요구와 과제가 분권화 시대에 대비하는 일이다. 좋은 정부를 만들어 가기 위한 아이템들을 하나둘 늘려 나가는 일이다. 우리가 살고 싶은 세상의 구체적 설계인이며 일용할 양식의 메뉴판이다. 그것은 우리가 정말로 하고 싶었던 좋은 세상의 희망목록들을 하나둘 정리해 내는 작업이다. 그것은 선거에 출마하는 직업 정치인들이 제시하는 달콤한 공약들과는 전혀 차원이 다른 것이다. 주권자로서 꿈꾸는 새로운 대한민국의 희망목록인 것이다.

이것을 만드는 일, 여기까지가 21세기에 살아남은 386세대의 마지막 과제 아닐까 생각한다. 자라나는 우리 아이들 세대들이 마음껏 퍼다 쓸 수 있는 희망의 샘을 파내는 일이기도 하다. 하여 나는 지금 우리 세대의 벗들과 함께 부르고 싶은 노래이자, 함께 모여 나눌

이야기의 주제를 이렇게 제안하고 싶다.

'386세대여, 이 지방화 분권화 시대에 도전하자!'

여기까지를 해놓고 더 좋은 민주주의 세상의 국가유공자가 되어 은퇴할 수 있다면 좋겠다는 생각이다. 김대중을 밀어 그 서슬 퍼렇던 전두환, 노태우를 집에 보내는 것까지 성공한 사람들이다. 거기까지 가는 데만도 역사는 수많은 젊은이들의 피값을 요구했다. 형형한 눈빛의 푸른 자유를 감옥에 저당 잡혀 이룩한 민주주의였다. 전도양양한 젊음들이 개인적 삶의 탄탄한 대로를 닦는 대신 찬바람 부는 노동현장으로 스며들거나, 달동네 도시빈민들의 가파른 산등성이를 기꺼이 함께 넘고자 했었다. 우리에겐 투쟁 속에서 단련된 강하고 질긴 의식의 근육이 있다.

때론 어디서부터 다시 시작해야 할지 몰라 두리번거려야 할 때도 있었다. 그래도 우리는 또 한 번 노무현을 세차게 밀어 특권의 해체와 반부패, 반특권의 시대를 열었다. 법치와 원칙과 상식이 살아 있는 사회를 만들었다. 하지만 그 세상 만들어 놓고 보니, 아직도 길은 이리도 멀었던지, 함께 그 세상을 만들어 놓은 전직 대통령이 망신당해 죽는 기막힌 현실까지 봐야 했다.

이제 스스로에게 질문을 던져야 할 때다. 과연 우리에게 뭐가 부족해서 그랬던 것일까? 그리고 그 긴 시간의 흐름을 거쳐 온 우리는 지금 과연 행복한 걸까? 우리는 여전히 이 대한민국에 사는 것이 자랑스러운가? 우리는 대한민국 시민권자로서 충분히 보호받고 제 권리를 누리는 중인가?

이 질문에 대한 답을 가지고 여의도에 남아 이명박 정부와 싸우는 것은 현 단계에서의 핵심과제는 아니다. 힘없고 빽 없는 보통 사람들의 삶과 밀접하게 연결돼 있는 현장, 생생히 살아 움직이는 삶의 영역에서 정치를 바라보고 변화시켜 내는 것이 우리의 일이다. 이런 변화의 핵심적인 파워가 어디로부터 나오는가 하면, 나는 '분권화'에서 나온다고 믿는다.

더 이상 좁은 여의도 안에서의 민주화투쟁을 가지고는 답이 안 나온다. 이미 그런 큰 붓질은 시대적 효용을 다했다. 지금은 좀더 얇은 붓을 들고 세밀히 그려 나가는 붓질이 필요한 때이다.

세필로 그리는 붓질. 그것이 곧 지방정치이며, 지방분권 투쟁이다. 우리 시대 민주주의를 진전시키는, 더 좋은 민주주의를 실현해 나가는 장으로서의 지방자치, 분권화 투쟁에 내가 주목하고 있는 이유이다.

부동산값에 대한 오해와 진실

행복도시 백지화를 둘러싼 갈등이 확산되는 가운데, 사람들의 머릿속에서는 각자 빠르게 계산기가 돌아간다. 부동산값이 오를 것이냐, 말 것이냐 하는 계산이다. 우리 사회의 모든 문제가 얽히고설킨 부동산 문제에서 이제는 그 본질을 보려는 노력이 필요한 때다.

우리 사회에서 부를 축적했던 모든 기업과 개인 가운데 지난 1970년대부터 부동산 투기와 관련이 없는 사례는 거의 없었다. 부동산 투자(그래, 투자라고 하자)를 통해서 얻은 그 부의 축적이라고 하는 것이 상당한 노력의 결과라고 인정할 수도 있다. 알짜배기 정보 선에 줄 대고, 부지런히 등기부도 열람해 보았을 것이다. 돈 되는 물건 알아보는 예리한 눈을 기르고, 위험부담을 안은 채 은행대출도 감수해야 하는 수고도 견뎠을 것이다. 그러나 엄밀히 말해 그 부동산이 가진 부가가치의 순 증액이라고 하는 것은 이미 사회적 자본이 형성해 준 것들 아닌가?

사람들은 말한다. 단지 땅만 사두었을 뿐인데, 단지 건물 하나 사됐을 뿐인데, 하루아침에 벼락부자가 되더라는 얘기다. 그러나 이 놀랍기 그지없는 축복의 역사라는 게 그들의 노력에 의한 것이기보다는 이미 사회적으로 형성된 조건들로부터 나온 것이며, 그나마 비정상적으로 몰아친 부동산 광풍의 결과일 뿐이었다.

강남에 학군이란 게 없었다면, 강남에 예술의 전당이 없었다면, 강남에 뱅뱅사거리와 테헤란로가 없었다면, 그 입이 딱 벌어질 정도의 부동산 기적은 결코 가능하지 않을 일이었다.

그러니 시민권자로서 당연히 자신이 거둔 부의 축적에 대해 합당한 수준의 이익환수와 사회적 책임을 부담해야 한다는 논리(이것이 종부세의 본질이었다)를 두고 좌파정책이라 얘기할 수는 없다. 그렇게 매도하는 것 자체가 사실은 수십 년간 부동산 문제로 곪아가는 사회적 병폐와 갈등을 풀 생각이 전혀 없다는 걸 반증할 뿐이다.

기가 막힌 것은, 최근 세종시 백지화의 명분을 설득하러 다닌다는 이 나라의 총리가 말이 막히자 한다는 소리가 "땅값 좀 올라갈 거예요"라며 빙긋 웃더라는 것이다. 기가 막힐 일이다. 이 나라 최고라는 대학의 총장까지 지냈던 사람이, 저명한 경제학 박사라는 사람이 할 수 있는 얘기로는 지나치게 천박하다고밖에 달리 말할 재주가 없다.

천정부지로 뛰는 땅값을 보며 우리는 정말 행복해 해도 되는 것일까? 땅값에 대한, 대한민국 부동산값에 대한 진실을 이제는 얘기할 때가 되었다. 참 기이한 것이, 땅을 가진 사람은 그렇다 쳐도 땅 한 평 못 가진 사람조차 땅값을 놓고 자신의 이해관계가 있는 듯이 사고한다는 것이다. 사회적으로 유포된 부동산 환영이 가져다준 착시일 뿐이다. 그 오른 땅값의 원천은 어디로부터 나오는 것인지, 결과적으로 땅값이 뛰었을 때 그 땅값의 이익은 진정 사회적 이익이 될 수 있는 것인지를 생각해 봐야 한다.

부동산 경기가 좋아지는 것과 우리 삶의 행복은 결코 비례하지 않는다는 것을 현실은 보여주고 있다. 부산, 강남, 강북, 천안의 땅값이 그동안 각각 어떻게 뛰었는가를 보면 알 수 있다. 부동산값을 챙겨주겠다고 하는 그 정치인들이 결과적으로 얼마나 많은 불균등과 사회적 갈등을 가져왔는지를 이제는 따져야 한다. 결국 더 많이 가진 사람들에게 유리한 게임일 수밖에 없고, 지방사람이 수도권을 따라갈 수 없는 격차의 심화가 반복될 뿐이다.

땅값 올라 재미 보고, 더 행복해진 사람들이 있다면 그야말로 1%도 안 되는 부류의 사람들뿐, 평범한 보통사람들에겐 내 집 마련의 꿈은 더욱 멀어질 뿐이요, 점점 살맛 안 나는 인생이 되어갈 뿐이다.

정신 차리고 볼 일이다. 땅값 올려주고 세금 내려주는 정치를 하겠다는 세력에게서는 더 이상 서민의 꿈과 희망을 찾을 수 없다. 정치인들의 땅값 전략에 눈멀지 않는 유권자들이어야 정말 좋은 나라를 만들 수 있다.

평당 천만 원짜리 지대에 살고 있는 사람의 하루 일과를 보면 일말의 진실을 알 수 있다. 그 사람은 평당 임대료가 일마인 세탁소의 주인으로부터 그 임대료가 반영된 얼마짜리 단가의 세탁요금을 물어야 되고, 평당 얼마짜리의 식당으로부터 라면 값, 설렁탕 값을 너 비싸게 지불해야 된다.

결과적으로 이 모든 것이 소수의 땅 소유자를 빼고는 나머지 모두에게 불이익을 주거나 비용분담으로 전가되는 것인데, 이 바보 같은 짓을 우리가 지금 계속해서 반복할 것이냐의 문제다.

결국은 나라의 고른 발전을 위해 어떤 선택을 할 것이냐의 문제이다. 어느 지역의 부동산값이 오르느냐의 문제가 아니다. 당장의 정치적 이해득실 때문에 본질을 호도하면 안 된다. 공공기관의 이전 없는 세종시 수정안은 사실상의 행복도시 폐기안이다. 장기적 관점에서의 균형발전이라는 국가적 과제는 덮어둔 채 당장 수도권 중심의 지지기반을 강화하겠다는 의도일 뿐이다. 수도권 정당, 수도권 중심의 정치를 위해 충청도 화석(化石) 작전을 쓰고 있는 것에 다름 아니다.

분명한 사실은 수도권 과밀화를 해소하는 일과 지방의 발전을 도모하는 일은 상호 '윈윈'이 가능한 게임이라는 것이다. 우리는 세종시 문제에서도, 부동산 문제에서도 모두에게 이익이 될 수 있는 합리적인 해결방안을 찾아야 하고, 찾을 수 있다.

제대로 된 정치인이라면 어떻게 하면 이 악순환의 고리를 끊을 것인가를 먼저 고민하는 것이 옳다. 이미 법으로까지 제정된 국가적 진로를 독단으로 틀어 버리고, 겨우 땅값이 오를 것이란 기대 정도로 국민을 호도하는 것은 21세기 대한민국 정치지도자의 길이 아니다.

베테랑 주부는 싼 물건에 손대지 않는다

유권자는 정치소비자이다. 소비자는 돈을 지불하고 마음에 드는 물건을 구입한다. 정치소비자는 세금을 내고 마음에 드는 정치인을 고른다. 그런데 지금까지 정말 마음에 드는 정치인을 제대로 골랐는지에 대해서는 대부분 부정적이다. 정치소비자로서 좋은 소비를 하지 못했다는 말이다. 정치인은 말로 먹고 산다는 말이 있다. 마이크만 잡으면 온갖 화려한 미사여구들이 시민들의 혼을 빼놓는다. 이런 것만 보고 지도자를 선택하면 충동구매나 과소비가 되기 십상이다. 홈쇼핑에 빠져 당장 사지 않으면 손해를 보는 듯한 느낌에 덜컥 할부구매를 해놓고 나중에는 필요가 없어 천덕꾸러기 취급을 하며 후회하게 되는 것과 같은 이치이다.

그렇다. 좋은 정부는 현명한 유권자에 의해 만들어진다. 프로 주부는 물건 하나를 고르기 위해서도 요모조모 따진다. 그리고 꼭 맞는 물건을 적당한 값에 잘 샀을 때의 기쁨을 만끽한다. 하지만 지역정치 4년을 책임질 정치지도자를 고르는 데는 아쉽게도 프로정신이 발동하지 못했다. 우리나라도 이미 실질적 대통령 직선제를 얻어낸 지 23년이 흘렀고, 지방의회 17년과 지방정부 15년이라는 시간을 보냈다. 2008년부터는 교육감 직선제가 시작되었고, 수십 년의 국회의원 선거까지 더하면 짧지 않은 정치소비의 시간을 보냈다.

이제 대한민국 유권자라면 나쁜 정치와 좋은 정치, 나쁜 정치인과 좋은 정치인을 구별할 줄 알아야 한다. 이제는 정치소비자로서의 소비자 주권을 확실히 찾아야 한다. 가족을 위해 시장의 콩나물 하나도 꼼꼼히 고르는 프로 소비자들이 우리의 미래를 책임질 지도자를 고르는 일에 소홀해서는 안 된다. 우리는 좋은 정치를 위해 얼마나 고민하고 있으며, 소비자로서 얼마나 조직화되어 있는가를 점검해 볼 필요가 있다.

지역발전은 지역민들의 요구와 소비의식을 기반으로 만들어진다. '그래, 같은 지역기반이니까 밀어주자', '여당을 밀어야 뭐 하나라도 받아먹지' 같은 지금의 패러다임으로는 지역발전은 요원하다.

국가가 나한테 해준 게 뭐냐고 외치는 것으로 끝내서는 안 된다. 발상의 전환이 필요하다. 우리가 원하는 정부가 어떤 정부인지, 우리는 어떤 정부를 갖고 싶은지에 대한 선택을 분명히 해야 한다. 더 이상 속아서는 안 된다. 현명한 선택이 필요하다.

먼저 정부를 살펴보자. 지금 정부는 좋은 정부인가. 모두가 잘 사는 사회를 위해 애쓴 정부인가. 국민을 위해 봉사하며 국민의 목소리에 귀 기울이려는 노력을 하고 있는가.

이제 지역으로 눈을 돌려보자. 우리 지역은 어떠한가. 지역 스스로 자치역량을 만들어 갈 준비가 되어 있는가. 그럴 만한 힘은 있는가. 지금 필요한 것은 무엇인가.

가족들에게 필요한 것은 무엇인가. 부모님들에게는 무엇이 필요한가. 남편과 아내를 위해서는 어떤 정책이 있어야 하는가. 우리 아이들에게는 어떤 교육환경이 필요하고, 그것을 위해 무엇을 해야 하는가.

마지막으로 가계부를 열어보자. 공공요금, 교육비, 주거비, 식비, 예금, 이자 모든 항목이 합리적으로 지출되고 있는가. 그렇지 않다면 합리적인 지출을 위해 무엇을 요구해야 하고 어떻게 정치를 소비해야 하는가.

진정한 지방발전을 위한 지방권력을 만들어 낼 수 있는 정치인이 좋은 정치인이다. 골고루 잘사는 사회를 위한 균형발전을 지켜 낼 수 있는 정치인이 나와야 한다. 내 가계부 상황을 잘 알고 있고 내가 원하는 것이 무엇인지 나의 정책요구에 정확하게 대답할 수 있는 정치인이 필요하다. 그 선택은 이제 꼼꼼하고 깐깐한 좋은 소비자의 몫이다.

민주화운동 시민권자들이 해야 할 마지막 싸움

우리 세대의 꿈에 대해 생각해 본다. 그 옛날 '난장이가 쏘아 올린 작은 공'은 지금 어떻게 되었을까? 지난 1960, 70년대 부모님이 허리띠 졸라매 가며 당신들의 노후자금 통틀고 문전옥답을 다 팔아서 가르친 우리 세대다. 대학교 가자마자 감옥 가고, 부모님 눈에 피눈물 나게 했던 우리 세대가 2010년 지금, 40대 중반에 이르러 해야 할 일은 무엇일까? 부모세대를 위해, 자식세대를 위해, 또 대한민국을 위해 우리는 지금 어떤 일을 해야 하는 것일까?

그 일은 사실상 노무현 대통령 대까지 이루어 놨던 우리의 업적을 발판으로 역사의 진보를 계속 이어 나가는 일이다. 수구세력에 의해 짓밟힌 민주정부 10년의 명예를 회복하고 이명박 대통령과 한나라당의 패륜적 정치에 대해 심판해야 한다.

혹자는 지방선거를 말하는데 왜 또 노무현의 죽음이 거론되는지 묻는 이도 있을 것이다. 지방자치 선거에 웬 중앙정치 얘기냐 할 수도 있을 것이다. 그러나 현직 대통령이 전직 대통령을 죽음으로 내몬 야만의 정치에 대해 국민은 반드시 심판해야 한다. 이것은 단순한 원한이나 한풀이 차원이 아니다. 그것은 한 정치인의 죽음의 의미를 지켜 내는 것을 넘어 그간 우리가 이루어 온 민주정부 10년의 성과를 지켜 내는 싸움이기도 하기 때문이다.

선거는 민의가 조직되고 표출되는 장이다. 그렇기에 국토균형발전의 상징인 '행복도시'에 대한 이 정권의 막가파식 행태에 대해 국민의 심판이 모아질 것이다. 부자 감세해 주고 수도권 규제 완화해 주면서 사실상 지역경제를 초토화시키고 있는 이명박 정부를 향해 우리는 분명한 목소리를 내야 한다. 우리는 다르게 생각한다고. 우리가 원하는 정치가 과연 무엇인지에 대해 말해야 한다. 그 정치를 실현해 줄 만한 의시와 역량과 자격을 갖춘 정치인을 선택해야 한다.

1980년대 민주화운동의 상징인 386세대. 이제는 이 시대의 중추로 성장한 우리가 할 일, 민주화운동의 시민권자로서 마지막으로 해야 될 민주화투쟁의 방향 — 바로 지방화, 분권화 시대를 열어야 하는 일이다. 나는 깨어 있는 시민의 조직된 힘이 모이고 발현되는 2010 지방자치 시대를 준비할 것이다.

감옥 운동장 담벼락의 민들레가 준 교훈

아파트 베란다에 화분을 키우기 시작했습니다.

2004년 감옥에서 나온 이후 재미를 더욱 붙인 취미입니다.

감옥에서 보낸 1년 동안 세상 살아가면서 이제껏 눈여겨보지 않던 많은 것들을 다시 보게 되었습니다. 그 중 단연 압권은 민들레였습니다.

부채꼴 1인용 운동장에서 운동을 했었지요. 운동장 둘레가 보통걸음으로 걸어서 40걸음이 채 안 되는 좁은 운동장이었습니다. 수용자들은 그 작은 운동장 테두리를 뱅뱅 돌면서 한 줌의 뙤약볕을 쏘이기도 하고 속도를 내어 뜀뛰기를 하기도 합니다.

감옥에 처음 들어갔을 때가 하얀 눈이 덮여 있던 겨울이었습니다. 16년 전 학생운동 시절에 이미 와 보았던 곳이기에 그리 낯설지는 않았습니다. 이런저런 감회 속에 다시 들어선 그 작은 운동장에서 제 눈을 제일 먼저 잡아 끈 것은 아직도 파란 기운을 간직한 채 운동장 담벼락에 널려 있던 식물이었습니다.

겨울철 김장배추를 뽑고 난 밭에서 여기저기 널브러져 있던 그 배추 밑동처럼 민들레는 아직도 파란 기운을 간직한 채 모진 생명을 이어가고 있었습니다. 그 파란 기운 덕분에 죽었다고는 생각하지 않았지요. 그런데 요놈이 봄바람과 햇볕을 받더니 어느 날 갑자기 잎을 세우고 줄기를 세워 하늘을 향해 피어오르더군요.

눈 덮인 삭막한 감옥 담벼락 밑의 그놈이 파란 기운을 얻어 노란 꽃잎을 하늘을 향해 내뻗던 그 순간들을 나는 아직도 파노라마처럼 기억합니다.

정작 더 감동적이었던 것은 다음에 보여준 요놈의 모습이었습니다. 노란 꽃잎을 활짝 피우던 요놈이 어느 날 갑자기 주먹 쥐듯 그 꽃잎들을 거두어들이더군요. 그리고 다시 며칠 지나지 않아 주먹처럼 거두어들인 그 봉오리를 펼치면서 하얀 솜사탕 같은 민들레 홀씨를 펼쳐 보이는 것 아니겠습니까.

마술사의 주먹 같더군요. 그동안 나는 뭐가 바쁘다고 이 신기한 장면들을 보지 못하고 살았을까 싶더군요. 그런데 저를 '뻑' 가게 만든 것은 노란 꽃잎을 거두어들여 하얀 민들레 홀씨를 만드는 모습에만 있는 것은 아니었습니다.

요놈들이 노란 꽃을 피우고 그 꽃을 거두어들인 다음에 한 일이 무엇인지 아십니까. 꽃잎을 거두어 주먹쥐듯 꽃봉오리를 거두어 들인 그놈이 자꾸만 키를 키우는 것이었습니다. 사람도 뛰어넘을 수 없게 높게 만든 감옥 담벼락 밑에서 그놈이 모가지를 늘이듯 하루가 다르게 키를 높이는 게 어찌나 신기하던지….

기린처럼 높게 높게 모가지를 뽑아 세운 요놈이 결국에는 솜사탕 같은 민들레 홀씨를 펼치던 날…, 저는 참으로 큰 감동을 먹었지요.

왜 나는 이 모습을 보지 못했을까. 뭐가 그리 바쁘다고 민들레 꽃 피고, 홀씨 되어 날아가는 이 감동적인 과정을 보지 못했을까.… 참 많이 후회했지요. 결국 내가 기억하는 것은 노란 꽃이나 아니면 먼지처럼 털어져서 하늘에 날리는 민들레 홀씨밖에는 없다는 사실에 참 부끄러워졌습니다.

민들레의 가장 아름다운 모습으로 세상에 알려진 그 하얀 홀씨들의 비상(飛上)만을 기억해선 민들레를 다 사랑하는 게 아니라는 사실을 깨닫게 되었습니다.

작은 것이든 큰 것이든 다 소중하다. 그리고 더 소중한 것은 그 결과가 아니라 눈 덮인 운동장 그늘 밑에서 겨울을 이겨 내던 흉물스럽던 그 민들레 밑동에서부터 모가지를 늘이고 늘이던 민들레의 그 전 과정을 온전히 다 이해하는 일일 것이다.…

그리고 또 깨닫게 되지요. 온전히 세상을 바라보고 온전히 세상을 이해하는 일이 참으로 힘들구나.…

어릴 적 영화를 처음 볼 때, 저는 영화를 스토리나 메시지를 중심으로 보았습니다. 모든 감동은 대사로 표현되는 스토리와 메시지가 어떠하냐에 달려 있었지요. 그러다 차츰차츰 조명, 카메라, 음향의 영역으로 영화감상의 영역을 넓혀 가게 되더군요.

저희 집 베란다에는 2003년 지리산에서 얻어 온 지리산 주목나무가 크고 있습니다. 어린 새싹 세 개를 가져다 키우다가 3년 전 한 그루는 어머님 드리고 지금은 두 놈이 자라고 있습니다.

5년이나 지났지만 키는 한 뼘도 되지 않습니다.

올 봄에 좀더 큰 화분으로 바꾸어 심어 주었지요. 매 해마다 나뭇가지를 한 층씩 더해 가며 큽니다. 가지를 한 층으로 치고 층층이 나 있는 그 가지 층수를 헤아리면 요놈의 나이를 셀 수 있지요.

작년 주목나무 옆에 어디서 날아왔는지 모를 잡풀 하나가 쑥 자라 올랐습니다. 제가 키운 지 5년도 넘은 지리산 주목나무보다도 키가 훌쩍 커지더니 가을도 오기 전에 시들어서 넘어지더군요.

그 옆에는 재스민 오렌지가 자라고 있습니다. 요놈은 제법 볼품 있는 놈을 사다가 키웠지요. 그런데 재작년 진드기가 달라붙어 꽃은 피나 말고 지고, 베란다 다른 화초에까지 엉켜 붙어 제 정원을 엉망으로 망가뜨렸지요. 진드기 약을 사다가 어지간히도 뿌렸지만 소용없었지요.

거의 죽다시피 하던 이놈이 이제 제법 파란 기운이 돌고, 잎이 나고 꽃망울이 다시 열렸습니다. 그런데 어김없이 다시 진드기가 들러붙었습니나. 어찌할까 하다가 하루 시간을 내어 잎사귀 뒷면 사람의 동맥 같은 잎맥에 달라붙어 있는 요 진드기 놈들을 어릴 적 내복 벗어 이 잡듯이 일일이 다 잡았습니다. 그리고 분사기 수도 호스를 이용해서 다 씻어 주었지요.

그렇게 하길 두 주일… 마침내 요놈이 생기를 되찾았습니다. 진드기가 달라붙어 있던 요놈은 시름시름 앓던 병자였습니다. 하지만 지금은 청년처럼 맑고 푸릅니다. 기운으로 보기에 너무도 아름답고 제 마음도 기쁩니다.

그 옆에는 장미꽃 한 그루, 그 옆에는 이름도 잘 모르는 푸른 잎사귀 관상수, 그 옆에는 사과궤짝에 흙을 퍼 담아 파를 사다 심어 놓았습니다. 라면 끓여 먹을 때마다 푸른 빛 살생을 당하긴 하지만….

베란다 빼곡히 화분을 키우며 세상을 이해하고 저 스스로를 이해하려 노력합니다.

세상을 이해하고 그 세상을 사랑하고 그래서 그 세상을 좀더 나은 내일로 바꾸어 보고 싶은 게 우리 모두의 소망이라고 생각합니다.

그러려면 이해할 수 있어야 하고 사랑할 수 있어야겠지요.

감옥의 운동장 담벼락 밑에 피었다 지는 민들레가 제게 준 교훈이었습니다.

2008년 4월 24일

노무현, 그리고 진보와 통합

2부

대통령을 지켜드리지 못했습니다

대통령을 모셔왔던 참모로서 죄인이 됐습니다.
대통령을 지키지 못해서 너무 억울합니다.

지난 1년여 동안 이명박 정부 출범 이후
노무현 대통령과 노무현 정부에 가해졌던
사회적 폭력과 린치에 저는 분노합니다.

이명박 대통령! 당신이 원하신 결과가 이겁니까?
대한민국 검찰! 당신들이 원한 결과가 이겁니까?
소·중·동! 당신들이 원한 결과가 이겁니까?

한없이 분노합니다.

그리고 대통령을 지켜드리지 못해서 정말 죄송합니다.

2009년 5월 23일 노무현 대통령 서거 당일 양산대 병원 앞에서 한 발언

노무현 알리바이론 1
- 진보개혁세력에게

이 땅의 진보개혁세력들은 민주정부 10년을 신자유주의로 물든 시대로 규정하고 있다. 더 나아가 민주정부 10년을 실패한 정권이었다고 서슴없이 규정한다. 심지어는 참여정부를 민주정부로도 인정할 수 없다고 주저 없이 말한다.

이런 태도는 진보개혁을 표방하는 언론에서도, 지식인 사회에서도, 정치세력 속에서도 폭넓게 존재하고 있다.

이런 평가와 태도는 옳은가.

정말로 적절한 종합평가인가.

균형 잡힌 사고의 결과인가.

나는 솔직히 동의하기 어렵다. 이런 주장들은 진보에 관한 관념성의 발로이거나 아니면 민주정부를 씹어대는 시류에 영합한, 줏대 없는 자기기만 행위라고 생각한다.

진보개혁진영의 민주정부에 대한 비판과 평가에서는 어떤 대안도, 답도 찾을 수 없다. 민주정부 10년을 비판하는 내용에 따라 국정운영이 가능하기나 한 것인가. 그 말대로 실천하면 대한민국 국민들이 당장 지지를 해줄 것이란 믿음도 들지 않는다.

선명성 하나로 자기 명성이나 유지하고자 하는 무책임하고 비겁한 진보주의자들의 알리바이가 '민주정부 10년 실패론', '참여정부 실패론'에 있다고 나는 생각한다.

'좌측 깜빡이 켜고 우회전했다'란 비난이 대표적 문구다. '아마추어적 당정분리 원칙을 고수함으로써 집권세력의 정당정치가 실종되고 말았다'고도 말한다.

결국 진보개혁진영이 민주정부와 참여정부를 공격하는 모든 논리는 두 개의 축을 갖고 있다. 조선일보와 한나라당 유가 펼친 공세는 '친북좌파론, 아마추어 국정운영론, 민주정부 경제무능론'이었다.

진보개혁진영은 이 논리 중 '친북좌파'라는 공격 내용만 빼고 거의 대부분의 비난을 수용했다. 여기에 한 술 더 떠서 '신자유주의에 물든 민주정부'라는 입론까지 덧붙여서 민주정부 10년과 참여정부 5년을 실패로 규정하는 일에 조금의 망설임도 없다. 때리는 시어미보다 말리는 시누이가 더 야속하다는 말이 실감날 정도다.

왜 이 땅의 진보개혁진영은 이런 주장과 믿음을 갖게 되었는가. 결과론적으로 지지율이 떨어지고, 경제 양극화의 과제가 심화되고, 정권 재창출에 실패했다는 사실이 이런 주장의 명백한 증거처럼 제시된다. 그래서 진보개혁진영은 서슴지 않고 노무현 정부는 실패한 정부라고 말한다.

물론 논리적 근거들이 있을 것이다. 그중 많은 내목들은 보다 많은 평가작업이 필요할 것이다.

예를 들면 이런 일들일 것이다.

'김대중 정부 시절 IMF의 신자유주의적 금융정책을 무비판적으로 수용해서 안 좋은 자본주의로 대한민국이 직행하게 되었다. 대한민국 재무부 모피아라고 불리는 친미 시장 신봉주의자들에게 둘러싸여 국가를 거덜 내고 말았다.'

'노무현 정부는 국제적으로 정당성을 상실한 이라크 전쟁에 파병했다. 당정분리라는 원칙만을 내세운 채, 대통령이 소속된 집권세력으로서의 능력을 발휘하지 못했다. 개혁입법 실패 속에서 지지자를 잃어버리게 되었다. 한미 FTA를 추진해서 지지자들의 지지를 잃어버리고 배신감을 안겨 주었다. 대연정을 추진해서 지지자들을 배신했다.'

쟁점별로 엄밀하게 따져 보고 다시 살펴봐야 할 사안들이 존재한다. 나는 향후 이런 구체적 정책사례들에 대해 진보진영의 면밀한 평가작업이 진행되길 바란다. 나 또한 이런 작업에 진력할 것이다.

그러나 나는 묻고 싶다. 그것이 민주정부의 10년을 실패라고 규정할 만한 것인가.

무엇이 배신인가. 배신했다면 그 누군가의 지지와 신뢰를 배신했다는 말이 될 터인데, 그 지지자가 누구인가. 현실 불가능한 설계도를 그려 놓고, 그것대로 하지 않았다고 실패라 말하는가.

배신했다면 누구의, 어떤 위임을 배신한 것인가. 구체적으로 위임한 내용이 있어야 배신이란 말도 쓸 수 있는 것 아닌가. 막연히 기대하고 열망했다는 말로 배신이란 말을 사용할 수 있는가.

온 국민이 태평성대를 누리는 그런 세상을 요구했다. 그런 점에서 본다면 모든 정부는 그 세상을 만들지 못했다. 그래서 실패이고 배신인가.

대한민국 진보개혁세력은 민주정부 10년 동안, 정당과 정치세력으로서 존재하기나 했던 것인가. 대한민국의 정치지형에서 과연 진보개혁세력이 정치세력으로서 의미 있게 존재하긴 했던 것인가. 혹시, 아무런 밑천도 들이지 않았으면서 고스톱 한 판 치고 나서 모두가 다 잃었다고 주장하는 형국은 아닌가.

민주정부 10년 실패론과 노무현 때리기는 진보진영의 비겁한 알리바이는 아닌가.

호남정치인의 기득권이건, 진보개혁진영의 기득권이건 20세기의 정치구조 속에서 형성된 낡은 것이라면 버려야 한다. 그 기득권이 (논리든, 이데올로기든, 조직이든…) 21세기 대한민국의 집권세력으로서 버려야 할 것이라 한다면 과감하게 버려야 한다. 호남정치인들은 지역주의 정당구조 혁파를 위해 자신의 기득권을 버려서 새로운 민주당을 얻으려 노력해야 했다.

진보개혁진영 마찬가지다. 참교육만을 말하지 어떻게 국민 대다수의 공교육에 대한 불신을 극복시킬 것인지 대안을 만들지 못한다면 우리는 집권세력이 될 수 없다.

비정규직 철폐만을 주장하지 어떻게 비정규직의 고통을 줄이면서 노동시장에서 노동과 기업의 대안을 만들 것인지에 대해 답을 만들지 못한다면 우리는 집권세력이 아니다.

언론의 사회적 공기능을 말하면서 언론인 스스로가 20세기 독재시대에 갖고 있던 각종 특권을 어떻게 새롭게 재편할 것인지 합의하지 못한다면 우리는 집권세력이 아니다.

대한민국 진보개혁진영은 자기혁신을 해왔는가. 그것을 게을리 한 채, 김대중, 노무현 두 사람에게 모든 알리바이를 떠넘기고 있지는 않는가.

나는 '참여정부 실패론, 민주정부 10년 실패론'을 스스로의 변화와 개혁을 거부하려는 사람들의 자기기만 논리라고 생각한다.

노무현 정부 실패론, 노무현 정부 배신론으로는 우리 진보진영의 미래가 열리지 않는다. 진보진영이 민주당의 변화와 개혁을 완성해내지 못한 것 아닌가.

더 나은 대안을 만들기 위해 노력하자는 토론은 좋다. 그러나 더 이상 민주정부가 실패했느니, 지지자를 배신한 노무현 정부라느니 하는 말로 뭔가 더 좋은 실천대안이 있었던 것처럼 말하지 않았으면 좋겠다.

우리 스스로가 변화하지 못한 것이다.

호남정치인들도 늘 전국정당 민주당을 말했다. 국민의 정부 때는 '국민의 정당'이 당의 슬로건이었다. 그러나 그 목표가 자기의 기득권과 충돌할 때, 늘 자신의 기득권으로 돌아가 버렸다.

진보개혁진영 역시 마찬가지다. 20세기식의 자본과 노동의 싸움구도로 21세기 대한민국을 설계할 수 있는가. 20세기식 반미민족해방투쟁론으로 민족의 평화통일과 21세기 세계화 시대의 대한민국의 미래가 열릴 수 있는가.

우리 모두는 이 불편한 진실에 대해 정직하고 솔직하게 답해야 하는 것 아닌가. 더 이상 노무현 실패론으로 우리의 미래는 열리지 않는다.

우리는 실패하지 않았다.

우리의 걸어온 길은 잘못된 길이 아니었다.

정권교체는 태평성대, 사람 사는 세상을 요구하는 저 국민들이 선택한 카드 중의 하나일 뿐이다. 그것이 실패와 성공을 가르는 기준이 될 수 없다.

더 이상 '실패론', '배신론' 따위로 헤매지 말자고 제안한다.

그래야 우리는 새로운 진보개혁세력, 새로운 민주주의자들의 미래를 열 수 있기 때문이다.

2008년 10월 6일

노무현 알리바이론 2
- 보수주의 한나라당 정권에게

2007년, 한나라당 보수주의 정권이 12월 대선에서 승리했습니다. 2008년 2월 한나라당 보수주의 정권이 출범했습니다. 그로부터 8개월이 되어 갑니다.

한나라당 보수주의 정권의 등장은 '노무현 정부 실패론' 확산에 성공한 결과입니다. 노무현 정부가 실패했다는 한나라당과 일부 언론의 공격은 처음엔 참으로 황당한 것이었습니다.

참여정부 5년 동안, 민주정부 10년 동안, 대한민국은 안정된 경제 성장률을 보였습니다. 외환보유고, 주가지수, 수출 등 모든 것이 놀라울 만큼 성장했습니다. 늘어나야 할 것은 늘어났고 줄어야 할 것은 줄어들었습니다. 물가와 환율은 안정되었습니다. 국가복지예산은 꾸준히 늘어났고 국가의 연구개발비 역시 효과적으로 확대, 투자되었습니다. 그에 따라 국가경쟁력과 국가신용도는 신장되었습니다.

이런 상황에서 일부 언론과 한나라당은 '경제불안'을 연일 선동하면서 노무현 정부가 '경제 망쳤다. 나라 망쳤다'는 주술을 걸기 시작했습니다.

결국 2007년 12월, 한나라당의 승리는 불가능한 약속의 승리였습니다. 결국 2007년 12월, 한나라당의 승리는 거짓말의 승리였습니다.

진실의 승리가 아니라 거짓의 승리였습니다. 이 승리의 핵심은 노무현이었습니다. 수백 개의 카메라로 한 개인의 부정적 이미지만을 찾아내어 도배한 결과였습니다. 이 수백 개의 카메라 앞에서 미모를 유지할 배우는 아무도 없을 것입니다.

거짓으로 승리한 한나라당 보수주의 정권은 '경제 살리겠다는 약속을 꼭 지키겠다'고 말합니다. 하지만 이 말은 실현 불가능합니다.
'망한 경제'가 있어야 '살려내야 할 경제'가 있을 것이기 때문입니다. 4%, 5%의 경제성장률을 '망한 경제'라고 했으니 그들이 약속한 '경제 살리겠다'는 구호의 실천은 원천적으로 불가능한 것입니다. 그 말대로라면 10%대는 유지해야 경제 살리겠다는 약속을 지켰다고 볼 수 있을 것입니다. 하지만 그것은 불가능합니다. 민주정부 10년의 경제성장률이라도 유지하길 바랍니다.

'서민경제 살리겠다'고도 말했습니다. 세계화에 따른 '양극화 과제'에 착안한 선거구호였습니다. 그러나 이 구호도 사실은 민주정부 10년의 정책적 기조를 이어받아야만 가능합니다.
소득계층별 격차를 표현하는 지니계수는 민주정부 10년 동안 끊임없이 호전되어 왔습니다. 좋은 세금제도를 개발하고 국가의 적극적인 복지재정정책을 편 민주정부 덕분입니다.

한나라당은 지금, 감세와 작은 정부를 말합니다. 세금을 깎아주면 경기 투자가 활발해지고 그러면 일자리가 늘어 서민도 잘살 수 있게 된다는 한나라당 보수주의 정권의 처방전입니다. 하지만 그 주장은 이미 유통기간이 다 되어 버린 처방전일 뿐입니다.
감세로 경제가 발전한 사례가 없습니다. 보수주의자들이 금과옥조로 여기고 있는 대처와 레이건의 작은 정부론도 국가재정의 축소(조세수입)가 아니라 끊임없는 증대였습니다. 대처는 사실상의 증세를 했고, 레이건은 엄청난 재정적자를 남겼을 뿐입니다.

보수주의자들의 감세란 서민에게는 돌아가는 혜택은 쥐꼬리이자 사실상의 증세요, 부자에게는 뭉텅이 돈을 쥐여 주는 것입니다. 감세를 통해 경기를 살리겠다는 것인지, 감세를 통해 포퓰리즘적 인기전술을 쓰겠다는 것인지 어느 쪽인지 분명히 해야 합니다.

결국 서민경제를 살리겠다는 약속도 민주정부의 정책기조를 유지할 때라야만 가능한 일입니다.

망해 먹은 경제가 없으니 경제를 살리겠다는 말을 처음부터 실천 불가능한 일이었습니다. 민주정부의 정책기조(좋은 세원의 개발, 재정 확대, 정부역할의 확대)를 유지하지 않는 한, 서민경제를 살리겠다는 말도 악어의 눈물 같은 거짓말이 될 것입니다.

노무현 정부가 나라 망쳤다는 거짓말로 대선에서 승리한 분들입니다. 집권하자마자 이분들은 다시 그 노무현 정부 탓으로 국정운영을 유지하려 합니다.

퇴임하신 대통령이 스스로 남겨 놓은 국정자료 열람권 협의를 자료유출 사건으로 확대시켰습니다. 인수위 시절에 참여정부 자료는 볼 것도 없다며 보고도 안 받던 분들이 참여정부가 협조하지 않아서 국정운영에 어려움이 있다고 말하기도 했습니다.

쇠고기 파동도 노무현 정부가 잘못 벌여 놓아서 그렇답니다. 참여정부 세력이 국가기관 곳곳에 남아서 국정방해를 하기 때문이라는 말도 들립니다. 참여정부가 갖고 있었던 도덕성을 빼앗으려 모든 참여정부 인사들을 뒷조사하고 있다는 소리도 들립니다. 이제 금융위기도 노무현 정부가 뭔가 잘못해 놓아서 어려워졌다고 말할 작정입니다.

참으로 비겁하고 낯 두꺼운 분들입니다.

노무현 탓으로 돌려서 대선에서 승리한 것은 기왕지사의 일이라고 할 밖에 없습니다. 하지만 노무현 탓으로 국정주도 세력의 자기책임성을 던져 버리고 있습니다.

한나라당 보수주의 정권이 20세기 낡은 보수주의로부터 새롭게 태어나기 위해선 이 '노무현 알리바이'를 버려야 합니다. 선거에서 재미를 봤을지는 모르지만 대한민국의 집권세력으로서 너무도 무책임한 일이기 때문입니다.

감세론, 작은 정부론, 규제완화, 민영화, 대북 대결주의, 친미 큰 형님론으로는 21세기 대한민국을 이끌고 갈 수 없습니다. 무슨 냉전시대의 미·소 핫라인도 아니고, 청와대에 기업과의 핫라인을 개설한다는 이 코미디식 '비즈니스 프렌들리' 정책으로는 경제를 살릴 수 없습니다.

그런 국정운영이 8개월 동안 좌충우돌하고 있습니다. 좌충우돌하면서 언제나 안 되면 '참여정부 탓, 노무현 탓'이라고 말하려 합니다.

대한민국의 민주주의 세력, 진보주의 세력은 반독재 민주화투쟁, 성장과 분배, 냉전대결의 시대로부터 진화해 왔습니다. 이 진화하는 속도만큼이라도 보수주의 정권이 진화하길 바랍니다.

2008년 10월 9일

부엉이 바위에서 대통령의 죽음을 생각합니다

죽은 어미 곁을 못 떠나는 어린 새끼 짐승처럼… 그렇게 봉하를 못 떠나고 있습니다. 네가 얼른 커서 잘 살아야 죽은 어미의 뜻을 잇는 길이라고 말들 하지만…

흐느껴 우는 사람들 속에서 두 주먹 불끈 쥐고 다시 시작하자는 다짐도 해봅니다. 하지만 허망한 분노와 속절없는 참회의 눈물이 밀려듭니다.

대통령의 죽음 앞에 통곡하던 그 수많은 사람들…

"네들! 옆에서 모시던 놈들이 어떻게 했기에 네들 대장 하나 지키지 못했느냐"고 달려들 듯합니다. 자신의 대장 하나 지키지 못한 놈이 뭘 할 수 있을 것인지… 참으로 부끄럽고 부끄럽습니다.

어찌 해야 할까…

분노와 울분으로 복수의 칼을 갈아야 할까…

아니면 얼굴에 숯 칠을 하고 죄인으로 살아야 할까…

진정한 복수는 그 미움의 대상을 영원히 과거의 것으로 만드는 일이라고 합니다. 역사박물관이나 희귀동식물 견본책에서나 볼 수 있게 그 복수의 대상들을 낡은 과거의 것으로 만들어서 우리 모두의 기억 속에서 영원히 지워지게 만드는 일이 진정한 복수라고 합니다. 결국 우리가 떵떵거리며 잘 살아가야 하는 일입니다.

하지만 부끄럽고 죄스러운 마음이 복수니 뭐니 하는 감정 따위를 덮어 버립니다.

정말로 부끄럽고 죄스럽습니다.

시립(侍立)하여 서 있는 사람 한 명도 없이 그분은 벌거숭이 알몸으로 모진 공격을 당했습니다. 등 터지고 장이 파열되는 아픔 속에서 그분은 서 있었건만 나는 그분이 뭔가 곧 신통력을 발휘하실 거라 믿으며 철부지 어린아이처럼 기다렸습니다.

참여정부와 노무현 정치노선의 그 모든 업적을 '면목 없는 일' 하나로 송두리째 역사의 바다에, '실패한 정치'로 매장, 매도시켜 버리려는 저들의 음모가 착착 진행되고 있었습니다.

하지만 그 순간, 그분은 바위산을 향해 올랐습니다. 승냥이 떼들에게 육신을 던져 줄 수는 있어도 지지자들과 함께 이룩해 놓은 참여정부의 그 역사적 가치가 훼손되는 것을 앉아서 당할 수만은 없다는 마음이셨습니다.

목숨을 던져 노무현 정치, 참여정부의 가치, 민주정부의 역사적 위업을 지켰습니다.

너희들이 나의 목숨을 가져갈 수는 있어도 지난 시절 우리 모두가 함께 이룩해 놓은 우리의 꿈과 희망까지 빼앗아 갈 수는 없다는 단호한 결단이었습니다.

'면목 없는 일'이었다고 그렇게 사과했건만…

그들은 그 '면목 없는 일'을 시비 걸어 '대통령의 인격'과 '우리 시대의 가치', '우리가 함께 만들어 왔던 그 수많은 꿈과 희망'을 훼손시키려 했습니다.

면목 없는 일은 면목 없는 일대로 평가받으면 그만입니다.

하지만 저들은 그것을 기회삼아 노무현 대통령이 이룩해 놓은 모든 가치와 위업을 훼손하고 국민이 노무현 대통령에게 보내 주었던 그 수많은 희망과 신뢰를 '배신의 연못'에 빠뜨리려 했습니다. 대통령은 그런 그들의 음모 앞에서 지푸라기처럼 가볍게 자신의 목숨을 던져 주었습니다.

2002년, 대한민국은 원칙과 상식, 사람 사는 세상을 향해 나아가자던 노무현 후보를 대통령으로 선택했습니다. 수많은 조롱과 비난, 침묵의 방관, 조소 속에서 그는 대통령직을 수행했습니다.

'대통령직 못해 먹겠다는 생각이 든다'고 심경고백을 하면서까지 그는 자신을 선택했던 2002년 대한민국의 부름에 충실했습니다.

2009년 5월.

16대 대통령 노무현은 국민과 역사 앞에 자신을 던졌습니다.

2002년 국민들의 그 선택, 새로운 세상을 향한 국민의 꿈과 믿음은 배신당하지 않았음을 알렸습니다.

국민은 그의 죽음 앞에 화답했습니다.

"우리의 꿈과 희망, 사랑과 신뢰는 배신당하지 않았다. 당신의 우리의 영원한 대통령이다"라고….

꿈과 희망 그리고 사랑과 신뢰가 배신으로 전락하지 않는다면 우리 역사는 애초에 가졌던 그 희망과 사랑만큼 전진하는 것이라 믿습니다.

참여정부, 노무현 대통령 그리고 그의 죽음 앞에서 통곡하던 대한민국….

우리는 그렇게 우리의 역사를 전진시켰습니다.

대통령의 육신은 가셨지만 그분은 영원히 우리 곁에, 우리 안에 존재할 것입니다.

자라나는 아이들이 누리게 될 민주공화국 대한민국의 역사 속에서 그분은 항상 살아 계실 것입니다.

그리고 우리는 지금, 그런 역사를 만들어 내야 할 책무를 갖게 되었습니다.

역사는 승자의 역사이기도 하고 기록하는 자의 역사이기도 하기 때문입니다.

노무현 정신을, 대한민국 국민들의 그 눈물을 살아 있는 역사로 만들기 위해 이제는 우리가 싸워야 할 시간입니다.

저 역시 싸울 것입니다. 부족한 것은 배우고 고쳐 나가면 될 것입니다.

그러나 비겁함으로 도망가지는 않겠습니다.

2009년 6월 10일

노무현 대통령의 죽음 앞에서 자유로울 수 있는 자 누가 있는가
- 진정한 진보주의자 노무현 대통령께 드리는 안희정의 참회록

사람들은 노무현 대통령을 싸움꾼이라고 말하거나 격렬하고 각박한 논쟁가라는 이미지를 갖고 있는 것 같습니다. 하지만 대통령은 늘 당신 스스로를 통합주의자라고 말했습니다.

2005년도 였던가요… 언젠가 저는 대통령께 여쭈었습니다.

"대통령께서는 자신을 통합주의자라고 말씀하시지만 가까이서 보아온 저는 늘 통합을 지향했다는 대통령 말씀에 얼른 동의가 가지 않습니다. 통합주의자라 한다면 인자함, 다른 견해들에 대한 포용력… 이런 이미지를 떠올려야 하는데… 대통령은 언제나 날이 선 칼날처럼 느껴지거든요…. 어찌 생각하세요."

"글쎄… 그것은 원칙의 문제이지 않을까. 원칙의 문제는 물러설 수 없는 것이고 나머지는 다 양보해 왔다고 생각하는데… 나는 영호남의 통합을 말해왔지 영호남의 대결을 말하지 않았고… 노동자의 헌법적 권리를 옹호했지 자본가 계급과의 적대적 모순론에 기초한 노동계급의 사회주의적 혁명을 주장하지는 않았어…. 원칙은 양보할 수 없는 것이고 그 원칙이 있어야 통합이 가능한 것 아닐까…."

사실 자신을 통합주의자였다고 말씀하시는 대통령의 말씀을 그 당시에는 얼른 수용하기가 힘들었습니다. 통합주의자라 하면 관대함, 인자함, 포용력을 갖고, 선호와 시비가 분명해서는 안 될 것 같은 그런 따위의 통합주의 이미지를 갖고 있던 나로서는 당신은 통합주의자였다는 말씀을 얼른 수용하기 어려웠던 것입니다. 원칙과 상식 앞에 서면 날선 칼날처럼 자신을 세웠던 노무현식 정치노선이 통합주의로 번역되는 것에는 나름의 어려움이 있다고 생각했던 것이지요.

88청문회에서 남들 모두가 전두환 신군부에게 돈을 헌납해야 했던 피해자 정주영 씨를 두둔할 때, 당신은 피해자가 아니라 정경유착의 공모자라고 논박하던 모습…

1997년 이인제 씨가 세대교체의 깃발을 들고 대선출마를 선언하자 '이인제가 출마하면 나도 출마한다'고 즉각 나서던 모습…

2002년 이인제 씨가 경선 불복 후, 김대중 대통령 품으로 들어왔으니 이인제 씨의 3당합당에 쫓아간 전력이라든가 1997년 경선 불복 전력은 적당히 눈감아 주고 경선에서 문제삼지 말아야 한다는 당내 충고에 콧방귀도 안 뀌던 모습…

대통령 되시자마자 평검사와의 대화를 통해 견제받지 않았던 검찰의 권력도 이제는 바로잡아야 한다면서 막말하는 검사들에게 '이쯤 되면 막가자는 것이지요'라며 논박하시던 모습이나…

이 모든 모습들이 제 통념에 들어 있던 통합주의자의 이미지에는 부합하지 않았기 때문입니다. 오히려 날선 투쟁가였다고 해야 걸맞을 것 같았거든요.

그러나 통합주의는 원칙을 세움으로써 비로소 얻어지는 것이란 사실을 깨닫게 된 것은 한참 후의 일이었습니다.

좋은 게 좋은 것이란 말이 교양인의 덕목이 된 사회입니다.

"튀지 마라. 모난 돌이 정 맞는다. 가만히 있으면 중간이라도 갈 것을 괜히 나서서 패가망신한다…."

우리 사회에서 출세한 사람들은 모두가 다 이 덕목에 충실하게 살아온 사람들입니다.

불편한 진실 앞에 적당히 눈감을 줄 아는 교양(?)을 갖추어야만 밀어주고 끌어주는 인생살이에서 출세할 수 있었기 때문입니다. 명문대 나오고, 어릴 적부터 선생님들의 귀여움을 받아 온 범생이일수록 이 규칙은 온 몸에 체득, 체화된 인생살이의 상식이었습니다.

하지만 노무현 대통령은 이 상식(?)을 거부했습니다.

그분은 언제나 임금님 귀는 당나귀 귀라고 말해 왔습니다.

그분이 싸움꾼의 이미지로 보였다면 그것은 내 자신이 우리 사회의 불편한 진실 앞에 정직하게 서 있지 못하기 때문이란 것을 나중에서야 깨닫게 되었습니다.

변호사로서 적당히 타협해서 기득권 세력으로 점잔 떨면서 살아도 될 일이었는데… 대통령 되셨으니 국가의 원수로서 폼만 잡으면서 살아도 되었을 텐데…

그분은 늘 우리 사회의 잘못된 상식과 불편한 진실 앞에 정직하게 서 계셨지요.

그래서 우리는 그를 통합주의자라는 이미지보다 싸움꾼이라는 이미지로 보게 되었던 것이라고 생각합니다. 저 역시 참으로 때 묻은 놈이었던 것이지요.

통합은 화평주의하고는 다른 주제라는 것을 나중에서야 깨닫게 되었습니다. 통합은 원칙을 바로 세울 때 가능하다는 것도 최근에서야 깨닫게 됩니다. 원칙을 바로 세워야만 통합을 이룰 수 있다는 사실….

복덕방이 사려는 사람과 팔려는 사람을 전제로 해야 성립되는 장사라고 한다면 정치는 갈등과 대립을 먹고 사는 직업이라고 말합니다. 그래서 정치하는 사람이 통합주의자라고 말하는 것은 얼른 어울리지 않는다고 말할 수도 있습니다. 저놈은 떨어뜨리고 나를 당선시켜 달라는 선거행위 자체가 통합이라는 말보다는 분열을 더 선동하는 말처럼 들릴 것입니다.

그러나 인류의 역사는 부족 간의 전쟁, 종교 간의 전쟁, 인종 간의 전쟁, 국가 간의 전쟁, 이념 간의 전쟁을 평화의 통합체제로 이끌어 온 역사입니다. 그리고 그 역사는 민주주의 정치의 역사이기도 합니다.

민주주의자, 진보주의자, 통합주의자 노무현 대통령님의 정치철학에 대해 너무도 우둔하고 바보 같았던 제 자신이 참으로 부끄럽습니다.

"내가 미워하던 사람들을 그렇게 속 시원하게 공격해 줘서 고맙습니다…" 정도의 수준으로 노무현 대통령님을 모셔 왔던 제 자신의 우매함이 참으로 부끄럽습니다.

원칙과 상식은 타인에 대한 공격의 수단이 아니라 우리가 가야 할 민주주의의 도달점이었다는 생각을 이제야 깨닫게 됩니다. 정파적 시각으로 상대를 향한 미움을 선동해서 일구어 내는 정치가 노무현식 정치노선은 아니었다는 생각… 그래서 나는 통합주의자였노라고 말씀하시던 대통령의 그 말씀이 무엇을 뜻하는지 이제야 깨닫습니다.

대통령은 싸움의 달인이 아니라 진보주의자였고 민주주의자였고 그래서 평화를 향한 통합주의자였습니다.

2009년 6월 11일

이제 49일이란 시간도 동이 나고 말았습니다

대통령님,
이제 49일이란 시간도 동이 나고 말았습니다.
아끼고 아껴서 49일을 보내려 했건만
이제는 정말 당신을 역사 속으로 보내드려야 하는 시간이 다가오고 있습니다.

절망과 슬픔이 초조와 불안감이 되어 엄습하던
5월 28일 밤…

저는 그 밤이 영원하길 바랐습니다.
마을회관 병풍 뒤에 지금처럼 그냥 누워 계셔도 좋으니
새벽이 오지 않기를, 이 밤이 끝나지 않기를 빌었습니다.

하지만 야속한 새벽은 다가왔고
우리는 눈물과 땀이 뒤범벅이 된 채로 노란 비행기를 접어 날리고
당신의 가는 길에 가지 마시라는 말만 되풀이하면서
엎드려 오열했습니다.

그렇게 우리는
당신을 보내야 했습니다.

당신을 정토원에 모시면서 우리는 행복했습니다.
42일이란 시간 동안 우리는 당신과 아직 이별하지 않아도 되었기

때문입니다.

그래서 행복했습니다.

하지만 그 유예받은 시간마저도 어느덧 바닥이 나버렸습니다.
이제 곧 당신과 영원히 이별해야 합니다.

차디찬 주검으로 계셨어도
당신의 존재는 우리에게 현실이었습니다.

한 줌의 온기조차 찾을 수 없는
백색 유골이 되어 차가운 항아리 속에 계신다 해도
당신의 존재는 우리에게 현실이었습니다.

그러나 이제 곧 당신을 보내야 합니다.
현실의 존재로 끌어안고 있던 그 서늘한 항아리마저
땅속에 넣어야 합니다.

당신을 현실이 아닌 역사의 바다로 보내드려야 합니다.
바람 부는 저 역사의 바다 위로 배를 띄워 보내야 합니다.

지금 저는 두렵고 두렵습니다.
그 역사의 바다는 알 수 없는 어둠이기 때문입니다.

그 칠흑 같은 어둠이
당신과 우리를 남남처럼 떼어 놓을까 두렵습니다.
당신을 우리가 다시 찾을 수 없을까 두렵습니다.

하지만
그래도 우리는 보내드려야 할 것입니다.

놓기 싫어도 놓아야 하고
헤어지기 싫어도 헤어질 수밖에 없는
이 이별의 시간을 눈앞에 두고
저는 엉엉 소리 내어 웁니다.

어두운 밤바다에 언제나 빛나는 그 별처럼
당신이 거기에 있어,
우리는 우리가 될 수 있었습니다.

대한민국의 역사, 민주주의 진보의 역사에
꺼지지 않는 불빛으로 당신을 만들어 가겠습니다.

당신을 박물관 안의 '박제된 역사'로 남기지 않을 것입니다.
과거와 현재와 미래 속에서 우리 모두와 함께 생동하는
'살아 있는 역사'로 당신을 모시겠습니다.

우리의 이 의무, 우리의 이 책무를
우리는 반드시 실천할 것입니다.
꼭 그렇게 할 것입니다.

2009년 7월 9일

노무현에 빠진 내 청춘의 이유를 다시 만나다

[서평] 노무현 전 대통령의 유고집 《진보의 미래》

1.

진리는 오직 하나라고 믿었던 시절에 이 세상은 간명했지요. 선과 악, 옳고 그름이 분명했습니다. 타도의 대상도 분명했고요. 하지만 세월이 흐를수록 진리는 오직 하나라는 믿음을 유지하기 어려워졌습니다. 나이를 먹을수록 진리는 '오직 하나'가 아니라, 오히려 2개 이상이라고 생각하게 되었지요.

하지만 이것을 인정하는 일은 혼란스러운 일입니다. '옳고 그름, 정의와 불의'가 구분하기 어려운 일이 되어 버린다면 모두 다 제멋대로 살아갈 것이기 때문입니다.

사람들은 움직일 수 없는 어떤 기준, 진실, 진리를 확정지으려 합니다. 확정해 놓은 이 기준과 진리로 이 세상을 간명하게 정리하고 싶어 합니다. 적과 동지를, 거짓과 진실을 그리고 진보와 보수를….

물론 진리는 존재할 것입니다. 하지만 오로지 하나뿐인 진리는 우리 인간 세상에 존재하지 않는 것 같습니다. 우리는 다만 그 진리를 향해 나아갈 뿐일 것입니다. 대화와 모색과 성찰과 반성을 통해서….

2.

지난 1990년에 저는 노무현 대통령을 만났습니다. 선과 악으로 양분되던 민주진영과 군부독재세력의 패싸움이 끝나 버린 시점이었습니다. 1987년 노태우 정부가 국민투표로 등장했지요. 이제까지처럼 쿠데타 세력이라고 말할 명분도 없어져 버렸습니다. 한 술 더 떠서 1990년 김영삼 씨가 3당 야합을 해버렸습니다.

군부독재 정권이라는 타도대상이 사라져 버린 것입니다. 이제까지 적과 동지를 나누었던 모든 사회정치적 기준이 사라져 버렸습니다. 민주개혁, 진보진영은 일대 혼란을 맞았습니다.

수많은 진보적 지식인들이 김영삼 씨의 민자당에 들어갔지요. 수많은 진보적 지식인들이 역사에 대한 낙관을 포기하고 진보운동을 포기했습니다. 수많은 민주화 운동가들이 낙담한 채, 전업(轉業)의 길로 나섰습니다. 수많은 민주화 운동가들이 신념 하나만은 지키려 자포자기식 옥쇄 인생을 선언했습니다. 민주화운동의 역사가 끝났다고 말했습니다.

바로 그때 저는 노무현 대통령을 만났습니다. 모든 사람들이 민주화운동의 전선에서 물러나서 패잔병처럼 후퇴할 때, 노무현 대통령은 여전히 민주투사였습니다. 그는 이 세상의 혼란에 동요하지 않았습니다. 그의 눈에 이 세상은 여전히 싸워야만 얻을 수 있는 수많은 과제로 가득 차 있었습니다.

저는 그때 무너지지 않는 그분의 모습을 보면서 존경하게 되었습니다. 이념의 전선이 무너지고 독재와 민주의 전선이 사라져도 살아 있는 나무처럼 꿋꿋하게 서 있는 그분의 신념은 도대체 어떤 것일까 궁금했습니다. 그래서 저는 그분 곁을 지키기 시작했습니다.

3.

대통령님의 글 모음집, 《진보의 미래》(동녘)를 읽었습니다. 진보와 진보주의에 대해 말씀하고 계셨습니다. 수많은 좋은 사례와 생각의 근거들을 볼 수 있어 좋았습니다. 그리고 저는 이 모든 말씀을 관통하는 아련한 그분의 향기를 느꼈습니다. 내 청춘을 몰빵하게 만들었던 나의 우상, '노무현'을 다시 만나게 되었습니다. 덕분에 돌아가신 뒤 처음으로 꿈속에서 그분을 만났습니다.

나의 청춘을 붙잡아 맸던 그분의 향기가 무엇이었을지 짐작하시겠지요. 그분의 논리가 아니었습니다. 역사와 현실을 대하는 그분의 자세였고 그분의 태도였습니다.

저는 가끔 이런 독백을 하곤 합니다.

"맑시즘의 휴머니즘은 사라지고 마키아벨리즘만 간직한 사람이 되어선 안 된다. 휴머니즘은 진보운동의 원천이다. 인간에 대한 사랑이 동학을 만나면 인내천 사상이 되고, 맑스를 만나면 계급혁명 이론이 될 뿐이다. 그러니 우리 모두 잊지 말자. 모든 이론은 회색이며 영원한 것은 저 푸르른 생명의 나무일 뿐이다."

4.

진보의 미래, 무거운 수많은 주제들에도 불구하고 나는 노무현 대통령을 또 만났습니다. 정치와 정부와 국가를 주제로 21세기 현재의 전 세계 모든 민주주의 진영의 과제에 대해 말씀하고 계십니다. 저는 진보의 미래라는 그 구체적 논의에 대해선 이미 이 책에 다 거론하고 지적하고 계시기에 중복하려 하지 않습니다.

다만 거듭 음미하고 배우고 싶어졌습니다.

첫째, 어떻게 해야 저분처럼 겸허하고 진솔하게 자신의 모든 생각과 주장들을 객관화시킬 수 있을까? 그리하여 자신의 주장을 아집이 아닌 진솔한 대화와 모색 그리고 성찰로 이루어지게 할 수 있을까?

둘째, 모든 고민의 출발점에서 인간에 대한 사랑을 놓치지 않을 수 있을까? 정략적이지도 공학적이지도 않은 그분의 향기, 그 향기의 본질은 책 서두에 나왔던 고민에서도 《여보 나 좀 도와줘》의 서문에도 나오지요. 그것은 사람에 대한 사랑, 인간에 대한 예의와 염치였습니다.

"우리 아이에게 도움이 될 만한 이야기 좀 해주세요"라고 봉하를 방문한 젊은 엄마, 아빠의 요구에 그렇게 진지하게 고민하는 자세, 그것이 노무현의 맛이고 향기라고 생각합니다. 그것이 바로 진보주의자의 본질인 인간에 대한 사랑, 휴머니즘일 것입니다.

셋째, 언제나 역사는 진보한다는 역사적 낙관주의를 어떻게 지켜갈 수 있을까? 1995년 언젠가 낙담하던 저에게 그분은 말씀하셨습니다. "개체(個體)로의 인간은 변화하지 않는 것 같다. 세 살 버릇 여든까지 간다는 말처럼. 하지만 유적(類的) 존재로서 인류와 그 인류의 역사는 늘 진보한다고 나는 믿는다."

혁명의 시대, 운동의 시대가 끝났다면서 모두가 낙담하던 그 시대에 그분의 이 말씀은 저에게 금과옥조가 되었습니다. 그 힘으로 오늘까지 서는 진보주의자로서 살아갈 수 있었습니다.

자기성찰, 휴머니즘, 역사는 진보한다는 낙관주의 이 세 가지가 노무현에 빠져들었던 제 청춘의 이유였습니다. 《진보의 미래》는 노무현 대통령을 다시 만나게 해준 소중한 책이었습니다.

2009년 12월 1일

우리는 누구입니까

민주당은 나의 정당입니다

민주당은 민주와 개혁, 평화와 인권, 성장과 분배, 자주와 통일의 역사적 정의를 실천해 온 나의 정당입니다. 그 이름이 수백 번 바뀌고 당 지도부가 골백번 바뀐다 해도 나는 이 정당을 나의 정당으로 인정하고 나의 정당으로 만들려 노력할 것입니다.

민주화 정부 10년 그리고 김대중, 노무현 두 전직 대통령이 저는 자랑스럽습니다. 우리는 대한민국 60년 헌정사에서 유일하게 존경받는 퇴임 대통령을 배출한 정당입니다. 한나라당이 이승만, 박정희, 전두환, 노태우, 김영삼 전 대통령을 배출한 정당이라면 우리는 김대중, 노무현 전 대통령을 배출한 정당입니다.

그래서 저는 이 민주당을 나의 정당이라고 말합니다.

그래서 저는 이 민주당에 충성할 것이고 이 민주당이 오류를 범한다 할지라도 그 오류를 극복하기 위해 책임지고 노력할 것입니다.

나의 어떤 의견이 소수가 될 수도 있을 것입니다.

그러나 그런 경우라 해도 나는 이 당을 나의 당이라고 말할 것입니다.

지금의 민주당이 마음에 들지 않는 분들은 이런 저의 말을 참 부질없는 짓이라고 말씀하실 수도 있을 겁니다. 하지만, 한나라당과 조중동으로 대변되는 이 땅 보수특권세력의 맞은편에 서 있는 우리의 진영은 지금 민주당입니다.

새로운 당을 만들어야 한다고도 하십니다.

서로가 서로를 쫓아내야 할 대상이라고 여기는 분들도 있습니다.

그러나 내가 소수자가 되었다는 사실 하나만으로 당을 쪼개고 당을 새로 만들고 할 수는 없습니다. 서로 처한 위치에서 상대가 맘에 들지 않는다고 결별을 선언해서도 안 됩니다. 당에는 언제나 주류가 있고 비주류가 있기 마련입니다. 주류도 비주류도 늘 순환하는 것입니다.

지금 만약 내가 비주류라 한다면 주류가 되어 당의 지도노선을 새롭게 세우기 위해 노력할 것입니다. 지금 만약 내가 주류라 한다면 비주류가 제기한 문제들을 공정하고 투명한 절차와 과정을 통해 수용하고 그런 과정을 통해 결정된 결과에 우리 모두가 승복하자고 제안할 것입니다.

지금 민주당은 심한 위기에 처해 있습니다. 이 위기는 당 내부에 존재하는 넘기 어려운 이견과 갈등 때문은 아닙니다. 오히려 위기는 그 갈등과 이견이 하나로 타협되고 조정될 수 있는 합당한 절차와 과정이 부재하기 때문에 왔습니다.

노무현 대통령을 미워하는 분도 있습니다.

우리당 창당을 분당과 배신이라 비판하는 분도 있습니다.

당신들은 탄핵을 주도한 세력 아니냐고 맞고함을 치기도 합니다.

비민주적 구태정치, 정치적 기득권을 지키기 위해 새로운 정치를 향한 개혁에 저항하지 않았느냐고 항변하기도 합니다.

저는 이런 평행선을 달리는 싸움, 불협화음이 오늘의 총선결과를 가져왔다고 생각합니다.

저는 우리 모두에게 제안합니다.

우리 모두 지난 여름에 서로가 서로에게 퍼부었던 그 모진 마음, 그 모진 삿대질을 이제는 용서하자고 제안합니다.

그리고 또 제안합니다.

"실패했다. 반성하자"는 등의… 우리가 걸어왔던 민주화 정부 10년의 역사에 대해 누워 침 뱉는 식의 품평은 하지 맙시다.

지지자들이 실망합니다.

국민이 실망합니다.

실패라는 말도 하지 맙시다.

무엇이 실패했단 말씀입니까.

실패라는 용어는 IMF 사태를 불러온 한나라당의 실정에나 적용될 말입니다.

중도개혁이라는 말도 이제 그만합시다.

중도노선은 1970년대 양 김씨의 비타협적 반독재 투쟁노선에 반기를 들던 이철승 씨의 구호였습니다. 중도노선은 우리가 빨갱이로 몰리던 시절의 방어적 논리였습니다. 중도개혁을 말하면 지난 민주화 정부 10년이 극좌노선, 좌파사회주의 노선이었다는 말씀인데 그것은 사실이 아닙니다.

그리고 우리 모두 경쟁합시다.

국민과 이 당을 지지해 온 수많은 지지자들 앞에서 공정하고 투명한 절차에 따라 경쟁합시다. 그리고 그 결과에 깨끗이 승복하고 힘을 모아 냅시다.

'당원 중심 정당, 원내 중심 정당, 당정 분리'의 3대 원칙은 어느 날 갑자기 떠올린 생각이 아닙니다. 김대중 총재님 같은 1인 카리스마로 지배하는 정당시대가 더 이상 지속될 수 없기에 우리가 대안으로 마련한 민주정당의 운영원칙이었습니다. 이 원칙은 우리나 한나라당이나 모두 채택했던 원칙이었습니다.

당은 조직과 공천, 당 발전의 장기적 토대여야 합니다. 그에 합당한 권한과 책임을 담보할 수 있어야 합니다. 출마자 및 당선자들은 주주총회에서 선출되어 경영권을 위임받은 경영자들과 같습니다. 이들이 맡겨진 임기 동안 책임지고 일할 수 있도록 보장해 주어야 합니다. 더 이상 진성당원이니 페이퍼 당원이니, 당 대표는 뭐고 원내대표는 뭐냐며 싸우지 맙시다.

공정하고 투명한 규칙 속에서 경쟁하고 그리고 그 결과에 승복함으로써 우리는 국민 앞에, 지지자 앞에 책임 있는 정당으로 거듭 태어나야 합니다.

우리 모두는 각자의 주장과 소신이 언제나 늘 주류이고 늘 주도권을 갖길 바랍니다. 그러나 권불십년이라고 했습니다. 대통령 권력도 당의 권력도 지방의 작은 권력도… 그 어떤 권력도 영원할 수 없습니다. 만약 그러길 바란다면 그것은 나의 의견이 언제나 옳고 늘 정의이고 선(善)이어야 한다는 독선일 뿐입니다.

민주정당은 역사의 큰 전선 속에서 '적군과 아군'을 가르며 모인 사람들의 집단입니다. 그렇게 모인 당원 동지들이지만 그 속에는 벌집처럼 수많은 이견과 다양성이 존재합니다.

그래서 아무리 화가 나더라도 역사의 전선 속에서 아군과 적군을 먼저 구별할 수 있는 능력 - '당성'(黨性)이 민주정당원의 첫 번째 자질입니다.

그리고 그 당내에 존재하는 수많은 이견과 차이점을 공정하고 투명한 절차에 따라 경쟁하고 조정하여 다수를 형성하기 위해 노력하는 자세가 민주정당원의 두 번째 자질입니다.

마지막으로 자신이 소수로 전락했다 해도 소신은 지키되 당이라는 이름으로 단결된 힘을 모아 나가는 승복의 자세가 민주정당원의 세 번째 자질일 것입니다.

이 마음과 이 자세로 민주당의 새로운 정립을 위해 노력하자고 우리 모두에게 제안합니다.

저도 그 길에 적극 동참하려 합니다.

감사합니다.

2008년 4월 16일

김대중 대통령님께 올립니다

당신의 서거는 호남차별이라는 대한민국 지역정치의 종식이어야 합니다. 당신의 서거는 대한민국 빨갱이 사냥의 종말이어야 합니다.

호남출신이라는 것이 천형 같은 멍에가 되어야 했던 시절, 당신은 지역주의 정치의 멍에를 짊어지고 시대의 언덕을 올랐습니다. 민주주의를 말하고 인권을 말하고 분단된 민족의 평화통일을 말하는 것이 '빨갱이'가 되어야 했던 시절 당신은 그 십자가를 묵묵히 지고 역사의 수레바퀴를 밀어 왔습니다.

조·중·동의 거짓 선전에 눈이 가리고, 귀가 먹은 많은 이들이 당신을 '거짓말쟁이'로 '정치꾼'으로 '이중인격자'로 매도하며 돌팔매를 던졌습니다.

여기에 호남출신이라는 정서적 공격이 더해지고 다시 그 위에 친북 빨갱이라는 공격이 덧씌워지면서 당신의 팔은 잘리고 다리는 꺾이었습니다.

대한민국 헌정사 속에서 당신이 걸어온 그 파란만장했던 삶과 투쟁은 이처럼 비참하고도 잔인한 것이었습니다. 당신은 늘 빨갱이, 거짓말쟁이로 매도당했습니다.

우리 대한민국은 민족이 분단되어 전쟁까지 치른 역사를 갖고 있습니다.

일본으로부터 대한민국이 해방된 이후, 대한민국의 주류세력은 친일에서 반공으로 완장을 바꾸어 찼습니다. 상대를 친북좌파 빨갱이로 몰아붙일 수 있는 자들만이 대한민국의 주류가 되고 집권세력이 될 수 있었습니다.

오늘날 경기도지사 김문수 씨가 툭하면 자신의 정치적 반대자들과 반대정책에 대해 북한 누구를 닮았다느니, 북한에서도 이렇게는 안 한다느니… 하는 식의 표현을 즐겨 쓰는 것을 보면 남한에서 주류세력이 된다는 것은 반공, 반북이란 깃발을 들 수 있느냐 없느냐가 관건인 듯합니다.

그러나 민주공화국 대한민국의 국시(國是)는 '반공'이 아니라 '자유와 인권, 평화와 민주주의'여야 합니다. 인권을 탄압하고 민주주의를 억압하고 일제시대에는 조국을 팔아먹은 자들이 '반공'이라는 완장 하나로 '친일과 반민주 부역의 역사'를 '세탁'했던 우리의 역사는 끝나야 합니다.

김대중 선생님!

당신은 이 불가능해 보이는 역사를 이끌어 오셨습니다.

빨갱이라는 공격에도 불구하고 한반도의 평화와 안보를 위해 싸워 왔습니다.

호남이라는 지역주의 포위공격에도 불구하고 야당으로서의 선동성을 간직한 채, 평화적 정권교체의 역사를 일구어 내셨습니다.

그리고 당신은 선언했습니다.

국민의 정부, 국민의 정당을 선언했습니다.

호남의 정부, 호남의 정당이 아니라 국민의 정당이고 국민의 정부이길 간절히 바랐습니다.

당신을 죽음으로 몰았던 사람들에게까지 당신은 그 어떤 정치적 탄압도 가하지 않았습니다.

김영삼 정권의 치부를 캐내기 위해 아무런 근거도 없이 생사람 잡는 국세청, 검찰의 수사도 없었습니다. 평화와 인권, 민주주의 시대를 향해 대한민국을 이끌어 주셨습니다.

당신의 서거를 놓고 이 땅의 보수주의 원조를 자부한다는 자들의 글들을 보았습니다.

참으로 고통스러웠습니다.

보수와 진보의 구분은 국가운영의 정책과 노선의 차이에서 오는 것이길 바랍니다.

하지만 현실에서 보수와 진보의 구분은 인간에 대한 품위와 예의를 지키는가 그렇지 않은가의 차이처럼 느껴집니다. 보수주의를 표방하는 자들의 그 악다구니 같은 저주가 당신의 서거 뒷길에도 뿌려지고 있습니다. "김대중은 빨갱이다. 김대중은 거짓말쟁이다."

저 스스로를 달래고 달래려 노력합니다.

"이 모든 미움이 동족상잔의 전쟁을 치렀던 분단된 우리 민족사의 불행에서부터 나온 것이다. 그들을 미워하지 말자!…"고 스스로를 달래고 달랩니다만… 그들에 대한 분노와 그들과 함께 살아야 하는 대한민국의 현실에 대한 좌절은 솔직히 어찌해야 할지 모르겠습니다.

김대중 선생님!

김대중 대통령님!

정치가 사람 간의 혼란과 대립을 먹고 사는 직업이라고 말들 합니다만… 적어도 김대중 대통령님은 정치가 대립과 미움을 만들어 내는 것이 아니라 '통합과 평화'를 일구어 내는 일임을 입증하셨습니다.

이명박 정부처럼 아무런 이유도 없이 전임 정부를 해코지하지도 않으셨습니다.

전쟁을 치른 분단된 남과 북의 평화를 일구었습니다.

이 평화 햇볕정책은 전쟁불사를 외치며 언젠가는 복수해 보겠노라고 다짐하던 수많은 미움과 원한으로부터 적이 되는 길이기도 합니다. 하지만 정치인 김대중 대통령님은 이 미움과 원한을 평화와 사랑으로 이끌자고 제안했습니다.

호남차별의 역사에 대해 분풀이를 하지도 않으셨습니다.

DJP 연합정부 하에서 호남도, 영남도, 충청도 모두가 다 국민의 정부를 구성하는 구성요소였습니다. 김중권 씨도 이종찬 씨도 모두가 다 국민의 정부에 함께했습니다. 국민의 정부에서 경제각료는 김종필 씨 몫이었기에 오히려 김대중 대통령과 함께해 왔던 사람들이 더 심한 차별을 받아야 했습니다.

그렇게 일구어 온 민주주의, 평화, 인권의 나라 대한민국이 이명박 정부 1년 반 만에 엉망이 되고 있습니다.

당신은 끝으로 말씀하셨습니다.

행동하는 양심이 되어야 한다고 말씀하셨습니다.

폭력이 아니라 평화적인 방법이어야 한다고 하셨습니다.

그리고 그것을 위해 통합과 단결을 말씀하셨습니다.

저는 지난해 7월 민주당 전당대회에서 '민주정부 10년의 계승과 혁신'을 약속하고 당 최고위원이 되었습니다. 통합과 단결을 통해 대한민국의 민주주의, 평화통일, 인권, 서민경제를 지켜 내겠습니다.

김대중 대통령님의 영전에 삼가 저의 다짐을 이렇게 올립니다. 편히 쉬소서!

2009년 8월 22일

민주당의 변화와 민주주의 진보진영의 단결을 위하여
- 민주주의 최후의 보루는 깨어 있는 시민의 조직된 힘입니다.

1.

지난해 7월 6일 저는 전당대회장의 수많은 당원 동지들에 의해 최고위원이 되었습니다.

제가 최고위원에 도전한다고 했을 때 많은 분들이 말했습니다.

국회의원 벽보 한 번 붙여 보지 못한 당신이 최고위원 선거에 나가서 당선될 수 있겠느냐고… 이른바 '친노'라는 사람들도 탈당해 버렸고 영남지역의 대의원 숫자도 형편없이 축소되어 버린 그 전당대회에서 당신 표가 나올 곳이 어디냐고… 그렇게 걱정들 해주셨습니다.

하지만 저는 당원 동지 여러분들의 역량을 믿었습니다.

몇몇 사람들은 대의원 표를 자신의 주머니 속에 다 넣고 다니는 양 말하지만 민주주의 역사에서 평범한 주권자의 판단은 결코 몇몇 정치인들의 속셈주머니에 갇힐 수 없다고 저는 믿었습니다.

그래서 저는 도전했고 저의 이 도전은 당원 동지들의 지지로 성공할 수 있었습니다.

저의 당선은 저의 약속에 대한 당원 동지들의 신뢰와 지지 덕분이었습니다.

저는 이렇게 약속했습니다.

우리가 배출한 두 분의 대통령을 잘 모시겠다고 약속했습니다.

두 분의 사진을 당사에 걸고 민주정부 10년의 역사를 계승, 발전시킴으로써 민주당의 역사적 정통성과 정체성을 확립하겠다고 약속했습니다.

저는 당사 편찬위원회를 설립하고 민주정부 10년을 재평가함으로써 민주정부 10년이 잃어버린 10년이 아니라는 사실을 분명히 하겠다고 약속했습니다.

저는 시민주권 시대를 상징하는 촛불의 시대정신을 당에 구현시키겠다고 약속했습니다. 시민주권 시대의 시대정신에 기초하여 당을 혁신하고 그것에 기초해서 민주개혁세력의 재결집을 이룩하겠노라 약속했습니다.

저는 1990년 김영삼 3당 야합이 쳐놓은 호남 고립구도 - 지역주의 정당구조를 깨고 전국정당, 정책정당, 집권정당의 미래를 만들겠다고 약속했습니다.

2.

하지만 저는 이 약속을 지키지 못했습니다.

그 약속을 실천하지 못함으로써 저는 죄를 지었습니다.

김대중 대통령께는 내 몸의 반쪽이 사라지는 고통을 드려야 했고

노무현 대통령께는 감내하기 어려운 치욕과 모욕의 시간을 드려야 했고 결국 그분을 이른 새벽 바위산에 오르게 했습니다.

제가 했던 그 약속을 실현했다면

아마, 우리 국민의 그 애통한 눈물은 없었을 것이고

우리의 대통령을 그렇게 처참하게 돌아가시게 만들지는 않았을 것입니다.

3.

그 약속을 지키지 못한 최고위원으로서 당원 동지들께 공개적인

반성문을 올립니다.

죄송합니다. 당원 동지들은 제가 드린 그 약속을 이유로 저를 최고위원에 선출해 주셨습니다. 하지만 저는 그 신뢰와 지지에 보답하지 못했습니다.

"자신이 배출한 대통령을 인기 없다는 이유 하나로 발로 차버린 그 부끄러운 배신과 변절의 정치를 끝내겠다. 촛불광장의 참여하는 시민주권 시대에 걸맞게 당의 혁신을 이룩하겠다. 그리하여 당의 정체성과 정통성을 회복함은 물론 민주개혁진영의 재결집을 이룩해 내겠다"던 저의 약속은 지켜지지 않았고 실천되지 못했습니다.

4.

지난해 7월 6일 전당대회 이후, 우리 지도부들이 직면한 현실은 이런 것이었습니다.

"대통합 선언을 통해 열린우리당과 민주당과의 통합을 이룩해 냈으니 지나간 과거의 일로 분란을 일으키지 말자. 대통합을 하자고 해서 당도 합치고 대선도 함께 치러낸 마당에 껄끄럽고 불편했던 과거의 일로 당이 분열되고 자중지란에 빠지는 일을 삼가야 한다"는 의견들이 지배적이었습니다.

"과거보다는 앞으로가 중요하다. 배신과 변질의 역사를 되풀이하거나 무원칙, 무규율한 정당운영을 반복하지 않으려 노력하면 되는 일이다. 두 전직 대통령의 사진을 당사에 거는 형식적 이벤트보다는 민주정부 10년을 우리의 역사로, 우리의 자부심으로 확산시켜 내는 일이 보다 더 중요한 일이다. 당원제도와 공천제도, 당 의사결정 구조의 재정비를 통해 시민주권 시대에 걸맞은 새로워진 민주당을 만들어 내는 일이 더 중요한 일이다." …

하지만 지난 1년 동안, 우리 민주당은 전례 없는 화합과 화평을 이루었지만 '거기까지만'이었습니다. 꿈과 희망으로, 생동감으로 살아 꿈틀거리는 그런 당의 모습은 만들어지지 않았습니다. 당의 지지율은 중환자의 맥박처럼 느리고 힘없게 이어졌습니다.

이런 와중에 또다시 구태정치가 되살아났습니다.

새로운 미래에 대한 희망과 약동으로 당이 살아 움직이지 못하니 자연히 되살아난 구태들입니다. 무규율, 무원칙한 정치행위가 반복되었고 급기야 탈영과 반란마저 보란 듯이 자행되었습니다. 촛불광장의 시대정신과 민주당은 물과 기름처럼 따로 놀았습니다.

5.

저는 개혁의 대상이 따로 있고 개혁의 주체가 따로 있다고 생각하지 않습니다.

우리 모두가 다 변화의 주체이어야 하고 우리 모두가 또한 그 변화의 흐름에 스스로를 던져야 한다고 생각합니다.

이 변화의 핵심은 무엇인가.

시대정신, 국민의 요구에 순응하는 일이라고 생각합니다.

시대정신, 국민의 요구는 무엇인가.

"대한민국의 주인은 국민이다!"

"대한민국의 모든 권력은 국민으로부터 나온다!"라는 것입니다.

이제 국민이 주인 노릇하겠다고 선언하고 있는 것입니다.

이게 2009년 우리가 서 있는 역사의 현실이고 우리 시대의 역량이라고 생각합니다.

이제까지의 정치는 말로는 '국민을 섬긴다', '국민의 심부름꾼'이라고 하면서도 실제로는 그 심부름꾼이 권력자가 되고 나면 거꾸로 국민을 타고 앉아서 호령하던 것이 현실정치였습니다.

그러나 이제 국민들은, 시민들은 촛불광장을 통해 선언했습니다.

"우리가 주인이다. 대한민국의 모든 권력은 국민으로부터 나온다."

이 시대정신을 구현하기 위해 노력하는 사람, 노력하는 정치인, 노력하는 정당은 흥할 것이요 그렇지 못하면 망할 것입니다.

6.

물론 조직되지 않은 시민은 큰 물고기 앞의 피라미처럼 언제든지 잡혀 먹히는 힘없는 존재일 뿐입니다. 깨어 있는 조직된 시민이어야만 주인 노릇을 할 수 있습니다.

깨어 있는 시민의 조직된 참여정치 — 이것이 바로 우리가 가야 할 정당정치의 변화목표일 것입니다.

물론 아직도 많은 분들은 고개를 갸우뚱하실 겁니다.

선거 때마다 널뛰듯이 출렁거리는 그 여론이라는 것, 민심이라는 것으로는 정치하기 어렵다고 말할 것입니다. 대의제 의회정치 제도의 한계를 지적할 것입니다.

저 역시 그런 어려움과 시민주권 시대 실현의 제약성에 공감합니다.

하지만 살 길은 그 길밖에 없다는 것 역시 엄연한 진실입니다.

7.

정치인 스스로가 정치는 국민에게 헌신하고 봉사하는 일이라고 자각하는 것도 중요합니다.

정치하는 일이 국민에게 봉사하고 헌신하는 일이기 위해서, 그동안 권력자가 누렸던 부당한 법 위에 군림하는 특권을 제거해 나가는 것도 매우 중요한 일입니다.

하지만 권력자, 정치인의 도덕적 자각에 매달리는 것으로 시민주권 시대의 시대정신을 실현할 수는 없을 것입니다.

지난 시민혁명 이후 우리 민주주의의 역사는 견제와 균형의 권력구조를 수립함으로써 권력이 특권과 부패로 이어지지 않도록 관리해 온 역사였습니다. 선거제도, 대의제 의회정치, 삼권분립, 시민사회와 언론 그리고 소비자와 기업인의 견제와 균형구조가 현재까지 우리 인류가 만들고 있는 민주주의의 제도적 진화였습니다.

하지만 지난 수세기에 걸친 민주주의 발전사에도 불구하고 현재 우리의 민주주의는 심각한 위기에 빠져 있습니다.

견제와 균형, 투표를 통한 참여, 정당제도의 발전 등에도 불구하고 '정치하는 놈들과 구경하는 사람' 간의 '불신의 강'을 해결하지 못하고 있습니다.

결국 우리가 이제까지 만들어 온 민주주의 수준이 '자각된 소수 엘리트들의 계몽군주적 착한 정치'에 모든 운명을 맡겨 놓아야 했기 때문입니다.

시민주권 시대의 요구는 분명합니다.

착한 정치인 하나 나오길 기다리며 거기에 목매다는 것으로는 만족할 수 없다는 것입니다.

착한 정치인 하나가 바꿔 낼 수 있는 변화라면 나쁜 정치인 하나만으로 그 반대의 엉망상태를 만들 수 있을 것이기 때문입니다.

이제까지의 민주주의가 보여 준 이런 제약성을 극복하기 위해 정치, 국가, 시장이 변화하길 원하고 있습니다. 그리고 이런 변화의 요구는 21세기 새로운 정보통신 환경과 자각된 시민의 등장으로 지금 새로운 전기를 맞고 있습니다.

지난 2002년 노무현의 신화가 그것이었고, 2007년 촛불광장이 그것이었고, 2009년 국민장을 치러낸 시민의 참여가 그것이었고, 바다 건너 오바마 현상이 바로 이 새로운 민주주의의 서막을 예고하는 것입니다.

8.

시민주권자들의 조직된 참여를 보장하고 그들이 진정한 주인이 되게 하기 위한 정치를 위해 우리는 우리의 민주주의 제도를 끊임없이 진화시켜야 합니다.

정치인 스스로, 내가 알아서 잘 할 것이라는 다짐만으로는 민주주의가 진화하지 않을 것입니다. 정치인 스스로, 내가 알아서 성실히 잘 할 것이란 맹세보다는 시민주권 시대의 시대정신을 제도화시키려는 노력이 더 필요합니다.

당원제도, 공천제도, 주요 당론결정 구조, 정당의 조직노선 등에서 시민주권 시대의 시대정신을 구현하기 위해 노력해야 합니다.

9.

민주당은 4·19 혁명, 5·18 광주항쟁, 6·10 시민항쟁의 역사를 만들어 온 대한민국 민주주의자들의 정당입니다.

반독재 민주화투쟁을 통해 특권과 반칙의 역사를 청산하여 대한민국의 민주주의를 확립했고, 분단과 전쟁의 시대를 평화의 시대로 만들었으며, 성장과 분배의 이분법적 대결구조를 통합시켜 내는 새로운 국가발전 전략을 수립했고 서울과 지방, 생명이 있는 것과 없는 것, 노동자와 기업가, 생산자와 소비자, 사회적 약자와 소수자까지 함께 아우르는 진보적 민주주의를 실천한 정당입니다.

물론 많은 제약과 한계가 노정되었습니다.

그 제약과 한계로 말미암아 지금 대한민국 민주주의 진보진영은 사분오열되어 있습니다.

저는 바로 이 시기, 바로 이 순간에 우리 민주당 당원 동지들이 나서야 한다고 생각합니다.

우리 민주당의 역사에 대한 자부심과 자긍심을 되찾읍시다. 우리의 정통과 정체성을 바로 세우고 그것에 기초하여 대한민국 민주주의 진영의 새로운 결집에 우리의 모든 노력을 다해야 합니다.

이 일은 시민주권 시대의 시대정신에 따라 우리를 변화시켜 내는 일에서부터 출발합니다.

촛불광장의 그 위대한 시민주권자들에게 당으로 오라고 할 것이 아니라 우리가 그 광장으로 가야 합니다.

당장 생각하기에는 '안 될 것 같고', '공연한 혼란과 무질서만 만들어 낼 것 같다'는 생각으로 변화를 거부한다면 우리 민주주의 진영의 미래는 캄캄한 어둠이 될 것입니다.

10.

노무현 대통령의 서거 이후, 민주당 이름으로 서울시장 후보를 내놓아도 이길 수 있다는 자신감이 생겼습니다. 국민이 그렇게 만들어 주셨습니다.

왜, 무엇 때문에 국민이 그렇게 생각하게 되셨는지는 우리 모두가 다 느끼고 있을 것입니다.

국민의 요구, 시민주권 시대의 시대정신에 따라 원칙과 소신을 갖고 정치해야 합니다.

자기 개인의 이익에 조금이라도 손해가 되면 탈당하고 가출하는 그런 가출 정치로는 안 됩니다. 원칙과 소신도 없이 조변석개하는 배신과 변절의 기회주의 정치로도 안 됩니다.

우리가 배출한 두 분의 대통령을 인기 없다고 발로 걷어찬 결과가 무엇인지 우리는 지금 뼈저리게 느끼고 있지 않습니까. 이명박 시대의 전횡과 횡포는 결국 우리의 이 무책임한 정치가 만들어 낸 결과입니다.

선거 때마다 조·중·동이 조성해 놓은 거짓 여론에 휩쓸리어 좌충우돌한 결과가 무엇인지 우리는 지금 뼈저리게 보고 있지 않습니까.

그래서 저의 첫 번째 제안을 드립니다.

이 역사에 대한 자성과 새로운 출발의 선언이 필요합니다.

자성과 새로운 출발 선언을 통해서 국민의 신뢰를 다시 얻으려는 노력이 선행되어야 합니다. 당사에 두 분의 사진을 내겁시다. 그리고 참회하고 반성합시다. 그리고 국민 앞에 새로운 출발을 향한 우리의 다짐을 선언합시다.

지금 우리는 임채정 전 의장님의 지휘 하에 박선숙 의원님이 수고하시면서 민주정부 10년 평가사업이 출발하고 있습니다. 이 평가사업은 저와 박주선 최고위원의 지난해 전당대회 선거공약이기도 하였습니다.

이 사업을 우리의 부끄러운 역사에 대한 반성과 자성, 그리고 역사적 정통과 정체성 수립의 계기로 삼읍시다.

11.

이명박 정권의 시대는 조·중·동을 중심으로 하는 대한민국 수구기득권 세력들의 민주주의 역주행 시대입니다. 단순한 민주주의의 역주행이 아니라 다시는 김대중, 노무현 같은 대통령이 나타나지 못하게 하자는 피의 살육입니다. 미디어법도 노무현 대통령 수사도 인터넷 탄압도… 모두 다 저들의 천년왕국을 세우기 위한 것입니다.

하지만 이 시대도 언젠가는 끝날 것입니다.

국민을 이길 정치는 없기 때문입니다.

국민이 주인이기 때문입니다.

우리가 이 투쟁에서 승리하려면 답은 간단합니다.

국민을 주인으로 섬기면 됩니다.

지도부도, 국회의원도, 소수 당원도 아닌 국민이 당의 주인이 되게 하면 됩니다.

그러면 우리는 이길 수 있습니다.

그렇게 하려면 어떻게 해야 합니까

정치를, 당을, 국민에게 시민에게 당원에게 드려야 합니다.

물론 이 일은 쉽지가 않습니다.

적극적으로 참여하는 시민주권자의 숫자가 아직도 제한적이라는 현실이 있습니다.

인터넷 소통공간은 아무래도 50대를 전후로 참여 여부의 명암이 뚜렷합니다.

이런 조건에서 당을 국민에게 당원에게 드린다는 것과 대표제, 대의제라는 간접 민주주의의 필요성 간에 서로 상충하는 갈등점이 존재합니다.

후퇴하는 민주주의 시대에 우리가 민주주의 진영을 재결집시키려면 어찌해야 하겠습니까.

두 번째로 저는 제안합니다.

참여를 보장합시다.

시민주권 시대의 주권자들에게 당의 문을 열어 놓기 위한 당원제도, 조직노선, 공천제도, 당론결정제도 등에 대해 지금 당장 토론에 들어갑시다. 그리고 이 시대의 흐름에 발맞추어 당헌과 당규를 재정비합시다.

12.

어떤 조직이든 그 조직이 살아남고 발전하려면 새로운 세대의 진입, 새로운 세력의 도전이 허용되어야 합니다. 앉아 있는 아랫목은 그대로 둔 채, 손님만 맞으려 한다면 그 방에는 아무도 들어가지 않을 것입니다. 결국 그런 자세로는 연대도 단결도 이뤄낼 수 없을 것입니다.

그래서 우리는 시난 시절 계파정치, 계보정치, 패거리 정치를 민주주의 정당정치를 위협하는 제일의 적으로 규정하며 당내 민주주의를 위해 싸웠습니다. 계파와 계보정치는 그 자체로 민주주의 정당정치를 위협하는 것입니다. 그런 패거리 정치가 결국 참여하는 시민주권자들에게 정치를 혐오하게 만들고, — 다른 편이면 콩으로 메주를 쑨다고 해도 믿지 않고 몰려다니며 권력암투만 진행하는… — 건전한 공론 형성을 방해함으로써 정당과 정치를 국민과 멀어지게 만들었기 때문입니다.

결국 참여를 봉쇄하고 '당신들만의 정치'로 민주주의를 후퇴시킵니다. 이런 시민의 후퇴 속에서 '이명박 독재시대'가 만들어집니다.

지금 이 시기 우리에게 필요한 것은 무엇입니까.

결국 가장 중요한 것은 당이 열려 있어야 한다는 것입니다.

모든 도전자들에게 모든 주권자들에게 참여의 동기가 부여되고 참여의 보람이 보장되고 참여와 도전을 통한 성공과 희망의 가능성이 눈에 보여야 합니다.

과거에는 김대중 총재께서 세대교체도 하시고 수혈론이라는 물갈이 작업도 하시고, 지난 2008년 총선에서도 시민공심위원들이 이런 인위적 교체노력을 여야 할 것 없이 공천심사의 기준으로 삼았습니다.

그러나 그런 인위적인 교체, 인위적인 물갈이는 떠나는 당사자의 명예에 씻을 수 없는 상처를 주게 됩니다. 그래서 극렬한 저항을 받아야 했고 여야 할 것 없이 공천 이후, 당의 균열은 더욱더 커져 버렸습니다.

결국 가장 중요한 것은 도전자에게도 방어자에게도 제도는 공평한 것이어야 한다는 사실입니다.

방어자가 지구당이든 기초의회 지역구이든 전국 단위의 중앙당이든, 자신의 다음 선거를 위해 공당의 질서를 자파세력만으로 철옹성을 만들려 한다면 그것은 국민의 정당, 민주주의 정당이길 포기하는 일입니다.

누구에게나 도전의 기회가 보장되고 그 도전자들은 공정한 규칙에 의해 결과가 어떻게 나오든 흔쾌히 승복할 수 있는 그런 제도를 만들어야 합니다.

민주주의 진영의 단결을 위해서, 시민주권 시대의 참여민주주의를 위해서 우리의 이런 노력은 반드시 필요합니다.

세 번째로 제안합니다.

제2창당을 선언합시다.

우리가 가지고 있는 기득권이 있다면 그것이 무엇이든 다 내놓고 민주주의 진보진영에 제안합시다.

"새로운 정치 같이 합시다. 힘을 모아서 한나라당, 조·중·동 권력에 맞서서 싸웁시다. 그리하여 민주공화국 대한민국의 민주주의를 완성합시다!"

민주주의 진보진영 모두에게 열려 있는 공정한 기회, 투명한 경쟁 질서를 보장함으로써 우리 민주당이 단결의 중심역할을 수행합시다.

13.

우리 민주당의 모든 단위에서 토론이 진행되길 원합니다.

감정적 토론보다는 우리가 그동안 겪은 수많은 시행착오와 성과들에 기초해서 토론이 진행되길 바랍니다.

자신의 유불리를 전제로 토론에 임하지 맙시다.

그것은 안 될 것이란 소극적 태도도 버리고 적극적이며 진취적 태도로 토론합시다.

오로지 잊지 맙시다.

민주주의 역사를 이끌어 온 우리 민주당이 대한민국 민주주의의 미래를 책임져야 한다는 생각을 잊지 맙시다.

촛불광장에 타오르고 있는 저 시민주권 시대의 시대정신을 잊지 맙시다.

노무현 대통령의 서거를 잊지 맙시다.
김대중 대통령의 통곡을 잊지 맙시다.

2009년 7월 17일 최고위원 1년을 맞아 작성한 글

민주주의 진영의 사분오열 극복과 새로운 진보세력의 건설을 위해

1.

2001년 말, 어느 날입니다.

노무현 대통령께서 민주당 후보경선에 참여하기로 선언하던 그 즈음이었습니다. 평생을 노동자 계급의 정치세력화에 대해 깊은 관심과 애정을 갖고 있던 어느 분이 제게 말했습니다.

"노무현 후보는 왜 민주당 후보가 되려고 하지요? 탈당하라고 그래요! 탈당해서 무소속 민중후보를 하는 것이 더 좋지 않을까요?"

"탈당하라고요?"

"그래요…. 김대중 대통령의 그늘 때문에 노동자 계급의 독자 정치세력화가 그동안 얼마나 어려웠습니까. 그런데 이제 또 노무현 후보가 김대중 대통령의 뒤를 이어… 노동자, 서민의 지지를 바탕으로 대선후보가 된다면… 한국 노동자 계급의 정치세력화는 그만큼 또 늦어지는 것 아닐까요."

"아… 예…."

"노무현 후보는 민주당 후보가 될 수도 없어요…. 그러니 탈당해서 민중후보가 되는 것이 더 올바른 선택이라고 생각합니다."

"아… 예…."

2.

비슷한 시기에 또 다른 그룹을 만났습니다. 그분들 역시 노무현 대통령의 탈당을 원했습니다.

대통령을 만난 그분들은 당시 노무현 경선후보에게 이렇게 말했습니다.

"탈당해서 무소속 시민후보로 나가야 합니다. 경선에서 이길 수 없습니다. 동교동 그룹의 호남지역 패권정치가 판을 치는 민주당에서 이미 이인제 대세론이 대세입니다. 그러지 말고 민주당을 탈당해서 무소속 시민후보로 나서 주십시오. 그래서 한번 새로운 정치를 해주십시오. 그러면 우리 모두가 나서서 노무현 후보를 열심히 돕겠습니다. 경선에서 지면 이인제 씨 선거운동 하시겠습니까. 그리고 민주당은 호남의 구태 기득권 정당이 되어 버렸습니다. 전국적인 지지와 새로운 정치를 하기엔 호남당-민주당으로는 불가능합니다. 탈당하셔서 무소속 시민후보로 도전하시고 그렇게 시민후보로서 대선을 치르면서 새로운 정치세력들을 결집시켜 내야 합니다."

"…"

노동자 계급에 기초한 정치라야 개혁도 민주주의도 올바로 될 수 있다는 믿음이 첫 번째 분의 생각이었다면 제도 정치권의 정치꾼 정치를 극복하고 '새로운 사람, 새로운 정치'를 해보자는 것이 두 번째 분들의 주장이었습니다.

어떻게 생각하십니까.

아직도 이 주장은 똑같이 반복되고 있습니다. 신자유주의에 물든 민주정부 10년을 반성하라는 민노당과 진보신당. 새 정치를 말하며 민주당에 대한 기대보다는 독자 정당화를 선언한 분들.

이 현실에 대해 어떻게 생각하십니까.

3.

2008년 7월 전당대회를 마친 민주당 지도부는 김대중, 노무현 두 분 대통령을 찾아뵈었습니다.

김대중 대통령 말씀이십니다.

“민주당 지도부는 민주당의 역사에 대해 잘 알아야 합니다. 민주당은 서민과 중산층을 위해 싸워 온 정당입니다. 서민이 흘린 눈물을 닦아 주면서 서민경제, 민주주의 시장경제를 발전시켰습니다. 민주당은 냉전과 분단의 상처를 씻고 남북평화의 시대를 만들었습니다. 민주당은 국민의 기본권과 인권을 지켜 내면서 민주주의를 이룩한 정당입니다.”

“민주정부 10년이 왜 잃어버린 10년입니까. 되찾은 10년이고, 서민경제, 남북평화, 민주주의를 지키고 발전시킨 10년입니다. 민주당 지도부는 이 사실을 명심해야 합니다. 노무현 지지자와 김대중 지지자들을 하늘처럼 받들고 모셔야 합니다.”

4.

비슷한 시기 노무현 대통령을 방문했습니다.

“전당대회를 치르면서 나나 김대중 대통령에게 초청장 하나를 안 보내더군요. 그렇게 해서 민주당이 잘 될 수 있겠습니까. 내 비록 인기 없는 대통령이 되어서 당에서 표 떨어진다는 소리 들을까 무서워 탈당했지만 그렇게 해서 당이 잘 될 수 있겠어요…. (많은 소회와 지적들이 있으셨음) … 하지만 오늘을 계기로 일단 서로 화해했다고 칩시다.”

“…하지만 솔직히… 아직도 민주당이 내 당이라는 생각은 들지 않아요. 지든 이기든 여기 영남에서 민주당 후보를 찍어 달라고 열심히 뛰어다닐 그럴 마음이 아직은 들지 않아요….”

그러면서 민주당 지도부를 사저 앞마당까지 배웅하시면서 마침 그곳에 있던 기자들에게 농담을 하셨습니다.

“아니… 이 사람들이 (민주당 지도부) 여기까지 와서는 나한테 입당하란 소리도 안 하데….”

"…"

민주정부 10년을 잃어버린 10년이라고 매도하는 한나라당과 조·중·동의 선동에 놀아난 못난 후예들… 그 후예들을 상대로 김대중 대통령의 잔잔한 그러나 엄중했던 그 충고가 아직도 귀에 선합니다. 그 후예들의 못난 행태에 대해 매섭게 질타하시던 노무현 대통령의 말씀이 아직도 귓가에 맴돕니다.

5.

저는 위에 소개해 드린 네 개의 장면들이 우리 민주주의 진영의 현실을 잘 표현하고 있는 것은 아닌가 생각합니다. 그리고 각각의 장면들에서 거론된 문제제기들은 아직도 현재 진행형입니다. 아니 오히려 새벽의 어둠처럼 더욱 짙어져 있습니다.

민주정부 10년이 신자유주의에 물들어 민중진영을 배신했다고 말하는 분들이 있습니다. 김대중은 좋지만 노무현은 싫다고 말하거나 아니면 그 반대의 사람도 있습니다. 호남 배신론이 전자라면 '전통적 지지기반 - 호남지역 정당론'이 후자의 견해일 것입니다.

김대중 노무현 모두 존경하지만 현재의 민주당은 아니라고 말하는 사람들도 있습니다. 좋든 싫든 민주당으로는 영남에서 정치할 수 없다는 현실을 말하기도 합니다.

민주정부 10년, 참여정부 5년이 지난 지금…

민주진영 정치세력은 지금 사분오열입니다. 민주당은 두 쪽으로 쪼개졌고 민주진영 역시 두 쪽으로 쪼개졌습니다.

이 문제를 어떻게 풀어야 할까요.

이 문제를 어떻게 어디서부터 풀어야 할까요.

'선거연대를 하면 된다'고 말합니다.

각각 정당을 하면서 선거 때 연대하면 된다고 말합니다.

연대를 하면 되는 일이다, 같이 정당을 하기엔 서로 너무 다르다고 말합니다.

하지만 이 선거 때 연대하면 된다는 말은 언뜻 들으면 타당해 보이지만 실제 경험으로 보면 참으로 비현실적인 이야기일 수 있습니다.

'통합해야 한다'고 말하기도 합니다.

그 정도의 차이를 갖고 정당을 따로 만들 수는 없다는 주장입니다.

정당을 따로 만들 명분이 인정되더라도 반이명박 전선으로 단결해야 하기 때문에 단일정당으로 통합해야 한다고 말합니다.

하지만 이 생각 역시, 너무도 다른 생각과 태도를 그대로 두고 어떻게 통합하자는 것이냐는 질문 앞에 서고 맙니다.

어떻게 생각하십니까.

저는 이 문제를 풀어내고 싶습니다.

풀어내서… 가능하다면 통합된 단일정당 체제로 대한민국 민주주의 진영을 세워 내고 싶습니다.

결국 대화하고 토론해야 합니다. 대화와 토론을 통해 소통해야 합니다. 어깃장을 놓거나 비아냥거려서 미움과 대립, 분립과 차별을 선동하는 그런 토론은 사양합니다.

진지하게 자신이 하고픈 정치에 대해 이야기하고 모두가 선한 마음의 존재라는 사실을 존중하며 서로의 말을 경청해야 합니다.

우리 민주주의 진영이 두 분 대통령의 유지를 이어받고 이명박 한나라당, 조중동 정권이 벌이고 있는 이 고통스러운 현실을 어떻게 하면 몰아낼지 방법을 찾아야 합니다.

그 대화와 토론을 제안합니다.

6.

대화와 토론, 새로운 진보진영의 재결집을 위해 지난 민주정부 10년 동안 우리가 가졌던 갈등과 대립에 대해 토론합시다.

서로 간의 차이와 다름을 분명히 드러내고 그 차이와 다름을 어떻게 극복할 것인지 생각합시다.

대한민국 진보세력의 정체성은 무엇입니까.

김대중, 노무현 정부는 진보정부일까요 보수정부일까요. 진짜 진보, 중도 진보, 중도 보수, 진짜 보수… 이렇게 구분되는 것일까요. 최장집 교수나 민노당, 진보신당이 말하는 진보가 있고, 김대중, 노무현 세력이 말하는 진보가 있습니다. 원조 정통진보 논쟁으로 희화할 것이 아니라 이 시대에 진보진영의 정체성을 주제로 한번 논의해 봐야 한다고 생각합니다.

신자유주의 10년을 반성하라고 합니다.

그런데 신자유주의에 물든 정부라는 비난은 정당한 것일까요. 신자유주의 10년을 반성한다면 우리는 어떤 외교, 통상, 노동, 복지 정책을 갖게 되는 것일까요. 비현실적인 주장이 아니라 지금 당장 시행되어도 좋을 만큼 국민적 합의가 가능한 정책들이어야 할 텐데… 그 결과는 민주정부 10년과 어떤 차이가 있을까요.

당원이 주인 되는 국민참여정당이 새 정치의 핵심 키라고 합니다. 20세기 대의제 민주주의로부터 직접 민주주의로의 이행이라는 측면에서 매우 중요한 지적입니다. 그러나 그 정당 건설의 조직노선만으로 정당을 분립시켜야 할 이유가 될 수 있을까요. 누군가는 말합니다. 탄핵을 주도했던 그 사람들과 어떻게 정당을 같이 할 수 있느냐고… 당원이 주인 되는 새로운 정치를 하자던 열린우리당을 헌신짝처럼 버려 버린 그들과 어떻게 정당을 함께 할 수 있느냐고… 그렇게 묻습니다.

그러나 지난 열린우리당의 실패는 그 정당을 부정하는 부도덕한 정치인들 때문인지… 아니면 그런 새로운 정당 건설의 원리로 모범사례, 성공사례를 만들지 못한 시대적 제약과 한계 때문인지… 우리는 다시 검토하고 토론해야 하는 것 아닐까요.

민주당과 국민참여정당 그리고 민노당과 진보신당의 차이는 무엇입니까.

어떤 정책과 노선의 차이가 있을까요. 실현 가능한 대안으로 볼 때 각 진영은 어떤 차이를 갖고 있습니까.

지난 시간 속에서 서로가 서로에 대해 갖게 되었던 불신과 미움이 아니라 대한민국의 새로운 진보진영의 미래를 위한 노력에서 우리는 어떻게 다르고 어떻게 같을 수 있을까요.

영남에서 한나라당과 다른 정치적 소신과 노선을 갖고 있는 사람들은 어떻게 정치를 해야 할까요. 민주당으로는 안 된다고 합니다. 그러면 우리는 다른 방법을 찾아야 합니다.

'친노, 386'이 문제라고 말합니다. 어떤 점이 문제입니까. 친노이기도 하고 386이기도 한 사람은 더더욱 죽을 맛이라고 누군가가 농을 하더군요. 지난 정부 때 386의 반대편에 이른바 475 선배들을 세워 놓고 조·중·동이 싸움을 붙였는데… 이것은 의미 있는 주제라고 보이지 않습니다. 하지만 지난 정동영 씨의 전주 보궐선거에서 친노 386 책임론으로 선거를 치르는 걸 보면 분명 한번 짚어 봐야 할 대목이라고 생각합니다.

조중동의 386 책임론이라는 프레임… 과연 타당한 것인가. 386이 기대에 못 미친 것인가, 책임을 물어야 할 일들이 많은 것인가.

김대중이 사라져 버린 오늘의 민주당 — 위기라고 합니다.

영혼도 꿈도 집권의 미래도 없는 그 민주당을 내가 계속해서 지지할 이유가 뭐냐고 사람들이 말합니다. 지금의 민주당은 어떻게 변화해야 할까요. 이 책임이 호남정치인들의 이기적 탐욕에 있는 것일까요. 아니면 김대중 대통령의 사례에서 보았듯이 대통령 될 꿈은 아예 꾸지도 못할 대한민국 지역정치 구조의 문제일까요. 오늘의 민주당 무엇이 문제일까요.

민노당과 진보신당은 정말로 집권을 목표로 하고 있습니까.

유럽의 녹색당처럼 연정의 파트너라도 될 수 있으면 좋겠지만… 현재의 선거구도, 권력구조 하에서는 이런 식의 연정 파트너십 정치는 성립 불가능합니다. 민노당과 진보신당이 집권을 위한 정당이라면 과연 어떻게 해야 할까요.

대한민국 진보적 지식인들의 민주정부 10년 평가는 올바른 것일까요. 자본주의 시장경제 하에서 노동자의 계급적 당파성에 기초한 정당정치는 과연 어떤 형태로 실현 가능할까요. 대한민국 진보적 지식인들의 비판지성에 문제가 있는 것은 아닐까요.

대한민국 진보진영의 집권역량, 밑천과 역량은 얼마나 되는지 고민해 봅시다.

대한민국 민주주의 진영이 수구 보수세력들의 이 역사적 분탕질을 어떻게 이겨낼 수 있을지 그 방법에 대해 함께 고민해 봅시다. 김대중 대통령은 평생 자신을 탄압해 왔던 공화당 2인자 김종필 씨와 손을 잡고 이인제 4백만 표라는 돌발효과로 겨우 39만 표의 승리를 거두었습니다. 노무현 대통령은 호남기반의 정당에서 영남 후보론과 행정수도, 그리고 주말드라마 국민경선, 짜릿한 정몽준 씨와의 단일화 경쟁으로 흥행을 올리고도 겨우 59만 표 이겼습니다.

어떻게 하면 우리는 한나라당, 조중동과 맞서서 권력을 되찾아올 수 있습니까.

우리 민주주의 진보진영이 각자 서로 다른 정당으로 분립해야 한다고 주장한다면 그 분립의 근거가 되는 이유들에 대해 한번 드러내 놓고 생각해 봅시다.

7.

자신을 지지하는 사람들 앞에서가 아니라 서로 다른 생각을 지닌 모든 사람들 앞에서 이야기합시다.

공개적으로 광장의 토론을 통해 우리 시대의 수많은 다양한 진실들을 드러내 놓아야 합니다. 대화와 토론은 승자와 패자가 있는 게임이 아니라고 생각합니다.

세상의 진실은 언제나 하나가 아니라 2개 이상이라고 생각합니다. 우리가 서로 다른 생각을 하게 되는 것은 개인의 부도덕한 탐욕 때문이 아니라 이 세상의 다양성 때문이라고 생각합니다.

그래서 우리는 대화하고 타협합니다.

그것이 민주주의 정치라고 생각합니다. 서로 다른 생각을 꺼내놓고 대화하고 토론합시다. 대한민국의 정치는 여당과 야당이 아니라 진보와 보수로 재편되어야 합니다.

진보도 집권 10년을 경험했고 보수도 이제 다시 집권의 시간을 보내고 있습니다. 그 진보정권과 보수정권의 비교와 경쟁을 통해 대한민국 민주주의의 새로운 장을 위해 우리가 대화하고 토론할 수 있길 바랍니다.

2009년 9월 22일

여러분 우리는 누구입니까
- 시민주권 출범에 부쳐

여러분 우리는 누구입니까.
우리는 진보주의자들입니다. 맞습니까.

여러분 우리는 누구입니까.
노무현 대통령과 함께해 온 사람들입니다. 맞습니까.

그래서 사람들은 말합니다.
"아! 쟤네들 친노구나."… 맞습니까.

저는 분명히 말하렵니다.
"예. 그렇습니다. 나는 친노입니다."

하지만 저는 친노가 정파의 이름이길 거부합니다. 대통령은 노사모라는 말이 고유명사가 아닌 보통명사가 되길 희망하셨습니다.
노사모가
'2002년 노무현 대통령을 지지했던 사람들'…
이렇게 정의되기보다
'시민주권자가 참여를 통해 민주공화국의 주인이 되는 행위'…
이렇게 정의되길 바라셨습니다.

마찬가지로 저는 제안합니다.
친노라는 말이

'노무현을 옹호하는 정치그룹'… 이렇게 정의되기보다는
'21세기 대한민국의 진보주의'…
이렇게 정의되길 저는 강력히 희망합니다.
그래야 친노라는 말도 보통명사가 되는 것 아니겠습니까.
친노가 진보주의의 또 다른 표현이라고 말한다면….

여러분! 진보주의는 무엇입니까.
현실의 불편한 진실 앞에 용감히 서는 일이 진보주의입니다.
그 불편한 진실에 따라 자신의 모든 것을 던져서
변화를 선택하는 사람들이 진보주의자입니다.

여러분! 진보주의가 현실의 불편한 진실 앞에 용감히 서는 일이라면 이 불편한 진실은 무엇입니까.

불편한 진실은 모든 시대마다 존재해 왔습니다.
양반과 쌍놈을 가르던 시대의 불편한 진실,
폭력과 전쟁이 판치던 제국주의 시대의 불편한 진실,
가부장적 남녀차별 시대의 불편한 진실,
임금 노동자의 절반 이상이 비정규직 노동자로 살아가야 하는 오늘 현실의 불편한 진실,
개인보다는 나라가 우선이라고 믿었던 시대의 불편한 진실,
평범한 시민보다는 나랏일 보는 분들이 더 높아야 한다고 믿었던 시대의 불편한 진실,
남북으로 전쟁을 치러야 했던 분단민족국가의 불편한 진실…

노무현 대통령은 대한민국의… 이 모든 불편한 진실 앞에서

진보주의자로서 용기 있게 대통령직을 수행했습니다.

조·중·동에게는 좌파로 공격받고, 좌파블럭으로부터는 신자유주의자라고 공격받았습니다. 일부 사람들에게는 아마추어로, 일부 사람들에게는 함량미달의 대통령으로 공격받았습니다.

그러나 우리 시대 모두에게
노-무-현… 이 이름은
참으로 가슴 아픈 불편한 진실이었습니다.

그분의 서거 뒤에 이 불편한 진실은 수천 수백만 개의 눈물이 되어 얼어붙은 이 시대를 열어 젖혔습니다.

노무현 대통령을 이념의 잣대로 볼 때 — 신자유주의자라고 공격할 수도 있지만… 봉건적 제왕학으로 볼 때 — 아마추어, 품격미달이라고 공격할 수도 있지만… 지역정치로 볼 때 배신자라고 욕해댈 수도 있지만… 하지만… 하지만…

결국 그 모든 비난과 욕설은… 노무현에게 가는 것이 아니라 언제나 욕을 한 그 사람들에게로 고스란히 돌아왔습니다.

우리가 친노라고 과감히 선언하는 것은 정파로서의 친노를 고집하기 위해서가 아닙니다.

우리가 오늘 우리 스스로를 친노라고 과감히 선언하는 것은 우리 시대가 풀어야 할 이 불편한 진실 앞에 노무현처럼 당당히 서고자 하는 다짐입니다.

친노라는 말은 '노무현을 따르는 무리들'… 이 아니라

'친노!'… 이 말은 '21세기 대한민국의 진보주의!'

'불편한 진실 앞에 노무현처럼 진보주의자로서 당당히 서는 일'

이렇게 재규정되어야 합니다.

우리는 친노입니다. 우리는 진보주의자입니다.

그런 우리가 오늘 '시민주권' 조직을 출범시킵니다.

우리 시대의 불편한 진실 앞에 용기 있게 섭시다.

20세기 이념의 전선, 봉건적 정치문화, 지역주의 정치구도, 서울과 지방, 성장과 복지, 남과 북, 개발과 환경…

이 수없이 많이 존재하는 불편한 진실 앞에서

깨어 있는 대한민국 진보주의자들이여!

노무현 정신으로 새로운 대한민국 진보의 역사를 열어 나갑시다.

사람들은 말합니다. 민주정부 10년의 역사를 반성하고 새로운 진보의 길을 가자고 말합니다.

그러나 저는 분명히 선언합니다. 김대중과 노무현 민주정부 10년이 바로 대한민국의 새로운 진보입니다.

성장과 분배에 대해,

분단과 대립의 남북관계에 대해,

세계 경제 11위 대한민국의 외교노선에 대해,

서울과 지방에 대해,

국가와 시민권의 새로운 지향에 대해,

이 모든 주제에 대해 민주정부 10년을 이끌어 왔던 두 분의 대통령… 그분들이 걸었던 길이 새로운 진보였고, 새로운 민주주의였습니다.

김대중 시대 없이 노무현 시대는 없습니다.

노무현 시대의 동반성장, 평화번영의 한반도, 지역균형발전, 비전 2030, 과거사위원회 등 모든 진보적 정책들은 김대중 시대를 이어받은 것입니다.

김대중 시대의 민주주의 시장경제, 햇볕정책, 중기재정계획, 인권위 등에 대한 이해 없이 참여정부의 정책들을 모두 이해했다고 말할 수 없을 것입니다.

이 역사를 바탕으로 새로운 대한민국, 더 좋은 민주주의, 사람 사는 세상을 향한 시민주권 조직의 출범을 국민 여러분께 보고합니다.

시민주권의 출범을 우리 모두의 힘찬 박수로 축하하고 함께하겠다는 결의를 밝혀 주십시오.

감사합니다.

2009년 10월 19일

안희정이 말하는 안희정

팬카페 회원들의 100가지 질문에 답하다

1 이름(한문), 작명해 주신 분과 계기는?

안희정 / 安熙正 / 아버님께서 작명 / '熙' 자가 돌림자였어요. 그래서 아버님이 제게 주신 글자는 '正' 자 하나인 셈이지요. 제가 1964년생인데 1961년 5·16 쿠데타로 정권을 잡은 박정희(正熙) 전 대통령의 한자 이름과 똑같아요. 아버님은 저에게 늘 육군사관학교를 가라고 하셨지요… 쩝.

2 생년월일시, 혈액형

음력 1964. 10. 28 오전 10시 / A형.

3 주소

경기도 용인시 수지구 동천동 모 아파드.

4 별명이 있다면

땅벌 — 어릴 적 천둥벌거숭이 시절에 동네 아저씨들이 불렀던 별명.

5 신체사이즈(키 / 몸무게 / 허리)

175cm / 70kg / 32.5

6 종교

보통 없다고 말하는데 사실 종교가 없는 사람은 없지요. 종교를 말하라 한다면 사람이 종교일 것이고, 그것을 다른 말로 표현하면 철학이고, 인문정신이겠지요. 어려운가요? 죄송….

7 가족관계

부모님 생존 / 아내 / 2남(고1/중1)

8 취미

스포츠 모든 것 (축구, 농구, 탁구, 등산, 골프, 바둑, 고스톱…), 가끔가다 책읽기.

9 좋아하는 음식

맛있는 거 모두 — 생태탕, 묵은김치찌개와 달걀말이, 삼겹살, 태국 음식(똠양꿍), 중식 매운 닭튀김….

10 싫어하는 음식

맛없는 거 모두 — 근데 열거하기가 어려움. 요리가 잘 안 되면 다 맛없는 것 아닌가요.

11 성격

성격 좋음^^. 겉으로는 늘 활달하고 도전적이고 과감한 척(?) 살아가지만 상처를 잘 받는 스타일임.

12 장점

신중함, 사려 깊음…
새로운 시도, 경험에
대해 오픈 마인드를
유지하려 노력함.

13 단점

전통에 대한 집착이
보수적 태도를 만들기도 해서
아들들에게 '꼰대'라는
힐난을 받기도 함.

14

??? 14번 항목이
빠졌어요….

15 신체비밀

건선이라는 아토피성 알러지가
있어요. 종아리에… 여름에는
깨끗한데… 초등학교 시절부터
이제까지 쭉 함께
살고 있어요.

16 출신학교

1977년 구자곡초등학교 졸 -
1980년 연무대중학교 졸 -
1980년 남대전고등학교 중퇴 -
1981년 성남고 자퇴 -
1982년 대입 검정고시 합격 -
1983년 고려대 철학과 입학,
1995년 2월 졸업.

17 성형수술을 한다면, 어느 부위

이미 했어요.
앞 이빨 사이가 너무
벌어져서 그 사이를
붙였지요. ㅠㅠ

18 한 달 용돈

있으면 쓰고
없으면 못 써요.

19 첫사랑은 언제 누구와

첫 이성교제는 중학교
3학년 때 친구 누나와 사귄 건데,
사랑이라고 한다면
대학교 1학년 때 만난
지금의 아내가 첫사랑.

20 이상형의 여자(구체적으로)

지금의 아내…
예쁘고, 착하고, 무섭고,
세상의 진실과 슬픔 앞에
여린….

21 이상형의 남자(구체적으로)

노무현 대통령 같은 분…
성질 낼 때 무섭게 내고,
인간의 진실에 한없이
마음 약한….

22 인생의 터닝 포인트

1980년 고1 때 광주시민항쟁,
전두환의 등장, 황석영의 《어둠의 자식들》과
김학준 교수의 《러시아 혁명사》를 읽고…
혁명할 거라고….

23 즐겨 찾는 곳

사람 사는 세상과
동네 뒷산.

24 가장 즐거웠던 순간

2002년 민주당
대선후보 경선 때
광주시 경선에서
이겼을 때….

25 가장 후회되던 순간

2004년 감옥에 있었을 때
가족을 생각하며…
아빠와 남편 그리고 아들 노릇을
제대로 못하고 살았다는
자책으로 괴로웠어요.

26 사람을 평가하는 기준

품성 — 역지사지(易地思之)의
마음과 태도를 갖고 관계 속에서
생각하는가, 안 하는가.
능력 — 끊임없이 새로운 시도를
위해 자신의 관성적 태도를
버리는가, 그렇지 않은가.

27 가장 자신 있는 요리

된장찌개
그리고 김치볶음밥.

28 가장 고마운 사람

노무현 대통령님,
강금원 회장님,
그리고 이광재, 이호철.

29 꼴불견이라고 생각하는 것

자신의 지위(벼슬, 나이, 부귀, 인종… 등)로 사람을 찍어 누르는 권위주의적 태도.

30 자신이 가장 멋있을 때는

사람들과 대화하고 나의 생각을 말할 때.

31 학교에 다닐 때 가장 높았던 / 낮았던 등수는

1등 / 64등 (중3 때 노느라고…).

32 현재의 부인을 만난 / 사귀게 된 계기

대학교 1학년 때 도서관에서 앞자리에 앉았던 사람. 알고 보니 같은 과 친구의 재경향우회 멤버. 그 뒤로 점심을 얻어먹으면서 알고 지내다가 2학년 1학기 어느 날, 수업을 같이 듣게 된 사실을 알고 그 첫 시간부터 땡땡이를 치고 다방에서 죽 때리다가… 그만….

33 프러포즈는 어떻게

나의 감정이 친구 이상이라는 사실을 고백했음. 그 외 별다른 프러포즈는 없었음.

34 결혼할 때 제일 큰 고민은

돈… 결국 결혼하려고 제도 정치권의 의원 비서관으로 취직했음. 천만 원 은행 대출받아서 전세방을 구해서 결혼생활을 시작했음. 우리 집은 가난했고 장인어른은 그래도 서울의 반듯한 직장생활을 하셨기에 마음고생이 심했지요. 난 해줄 수 있는 게 아무것도 없어서… 아내가 벌어놓은 돈으로 장가가고 난 생색만 냈지요.

35 나의 외모에 점수를 준다면? 그리고 가장 자신 있는 부위는?

20대에는 95점 정도라고 생각했는데… 지금은 나이가 들어서 한 80점? ^^ 코가 잘생겼다고들 하세요.

36 허무할 때

사람의 배신과 변절을 볼 때지요. 역사에 대한 낙관은 사람에 대한 사랑인데, 사람이 실망스러울 때면 사는 게 허무해지죠.

37 스트레스 해소법

운동. 죽어라 운동하곤 했죠. 그런데 자꾸 부상을 당해서 지금은 자제하죠.

38 현재 기르고 있는 오리 개체 수는?

오리 입식 날 2천 마리 풀었고 차차 3,400마리 푼다고 들었음.

39 여자와 남자의 가장 큰 차이점을 한마디로…

감성적이면서 이성적인 사람
— 여성.
이성적이면서 감성적인 사람
— 남자.

40 돈 1억 원을 주웠다면

신고해야겠지요. ^^

41 잘하는 스포츠

축구, 탁구, 골프
등산, 족구….

42 가장 창피했던 적은

초등학교 때 소풍을 갔는데 반 장기자랑 시간에 노래하라고 했어요. 그런데 남 앞에 서서 말하라면 잘하겠는데 노래는 못하겠거든요. 그래서 뒤로 빼고 빼다가 음치 목소리로 노래했는데 아이들이 다 웃었어요. ㅠㅠ

43 고스톱 잘 치나?

제가 한때는 고스톱 쳐서 연구소 살림을 살기도 했어요…. ^^* 무엇이든 악으로 깡으로 하면 잘 돼요…. 더 이상 물러설 곳이 없다는 마음으로…. ^^

44 나의 패션

청바지나 등산용 바지를 즐겨 입는데 직업상 정장을 자주 해야 하죠. 싱글 정장이 부담스러워 콤비를 자주 입는데 역시 싱글에 비해서 무게감이 떨어지더군요. 그냥 가볍고 자유롭게 입으려 하죠.

45 가장 아팠던 기억

1996년 종로 선거에서 패배한 후 노무현 의원도 정계를 떠나고 연구소도 문을 닫아야 했죠. 종로 선거사무실 집기를 이기명 후원회장이 알고 계시던 여주 지인분의 창고에 보내야 했어요. 대형트럭을 불러야 하는데 트럭은 서울 4대문 안쪽으로 밤 12시가 넘어야 들어올 수 있었어요. 선거사무실 4층 5층에 있던 집기들을 새벽에 등짐 져서 내리는데, 비는 오고 제 눈에 눈물도 흐르고… 트럭에 짐을 실어놓고 동이 트는 새벽에 비를 맞으며 이렇게 우리의 도전이 끝나는구나… 패배의 끝, 언제 다시 모일지 모를 이별의 순간이었어요.

46 프라이드치킨이 좋은지 양념치킨이 좋은지

'반반무마니'가 진리라면서요? ^^ 중국집에 가도 짬뽕과 자장면을 동시에 먹어요.

47 오래된 애장품

책. 이사를 너무 자주 다니다 보니 그마저도 다 버리고 버리고 해서 많이 줄었어요.

48 여성스런 이름 때문에 겪은 에피소드는 없는지

대학교 1학년 때 신입생 오리엔테이션을 하는데 사회를 보던 2학년 선배가 철학과에 웬 여자들이 있느냐며 여학생들 중 한 명을 골라서 노래시키겠다고 하더군요. 그런데 난데없이 안희정을 부르더군요. 제가 나갔더니 다들 웃고 난리였어요. 그때 나가서 부른 노래가 한대수 씨의 '물 좀 주소!' 라는 노래였죠. ㅎㅎㅎ

49 좌우명은

역지사지(易地思之) — 입장 바꿔서 생각하기, 스스로 자유롭게, 스스로 행복하게.

50 가장 좋아하는 책은

칼 세이건의 《코스모스》, 신영복 선생의 《감옥으로부터의 사색》과 《강의》, 《거의 모든 것들의 역사》(까치출판사), 《장자》(莊子).

51 사랑이란?

스스로가 선택하는 가장 즐겁고 행복한 길.

52 동성애에 대한 생각

마음이 이끌려서 선택하는 다양성.

53 솔직히 본인이 잘생긴 거 알고 있나?

어머니가 늘 잘생겼다고 말씀해 주셨어요. ㅎㅎ

54 주량은

소주 1병 — 하지만 늘 더 먹어요.

55 속옷은 삼각을 선호하는지 사각을 선호하는지

사각 — 언제든지 수영복이라거나 운동복이라고 주장할 수 있잖아요.

56 징크스

좋은 일이 있으면 늘 불안해요. 호사다마(好事多魔)라고나 할까. 초등학교 방학 때 학교에 가지 않고 집에 있다 보면 하루 한 번은 늘 혼이 나요. 아주 개구졌거든요…. 아침 나절에 혼나면 오후 저녁나절이 편해졌지요. 하루 한 번 혼이 나니까, 이제는 하루 편히 지낼 수 있다는 생각을 했었지요. 좋은 일이 있을 땐 불안하고, 슬프고 힘든 일이 있을 때면 오히려 더 힘을 내게 되죠.

57 좋아하는 영어단어는

melancholy : 발음이 재미있고요. 한때 문학을 하겠다고 쏘다녔는데, 창조는 늘 슬픈 비애와 우울 속에서 출발하는 것 같아서….

58 이성에게 혐오감을 느낄 때는

중학교 때는 입 주변에 자장 잔뜩 묻히면서 자장면 먹는 여학생. 지금은 여성이 자신의 여성성을 사회관계의 도구로 이용할 때.

59 인간관계에서 가장 중요한 것은

상대에 대한 배려+자신을 솔직하게 말하는 것.

60 학창시절 좋아했던 과목 / 싫어했던 과목

수학과 지리 과목을 좋아했어요. 수학은 논리적 사고였고, 지리는 사람과 자연의 만남이라는 측면에서 좋아했어요. 내가 살고 있는 마을을 지도로 표시하기라거나, 이런 모든 것들이 다 자연과 사람이 만나는 것이더군요. 미술과 화학과 생물을 싫어했어요. 입체를 도화지 평면에 그려 넣어야 한다는 게 도저히 논리적으로 이해가 되질 않았어요. 원근법과 명암 그리고 채도와 명도로 현실의 입체를 평면에 넣어야 하는데 저는 그게 도저히 안 되더군요. 화학과 생물은 외워야 할 게 너무 많고 엇비슷하게 보이는 생물을 족보를 나누어서 외워야 한다거나 보이지 않는 원자구조를 상상해야 한다는 일이 머리에 쥐가 나서….

61 휴대전화 컬러링은

컬러링은 'Wake me off when september end'. 벨소리는 '글로리아 — 그린데이' : 중1 아들이 넣어 줬어요.

62 현재 가장 바라는 일

아내와 아이들이 행복해지길… 나는 아빠와 남편으로서 낙제점이거든요.

63 내일 지구가 끝난다면

사랑했던 사람들에게 전화하기. 당신들과 함께 지낸 이생이 행복했다고….

64 사랑과 우정은 어떻게 구분하나

구분 잘 안 가요.

65 지금 아내에게 하고 싶은 말

미안하다… 사랑한다… 우리는 서로 분리해서 존재할 수 없으니 함께 갑시다.

66 결혼에 대한 견해

부조리하지만 그럼에도 인류가 개발해 낸 가장 안정적인 시스템. 종을 재생산하고 외롭고 고독한 영혼들이 안정을 취할 수 있는….

67 특정인에 대해 본인의 판단과 주변의 평판이 너무 다르다면 어떻게

다르다는 걸 그냥 받아들이려고 해요. 서로 보고 만나고 관계하는 입장이 다를 테니까요. 그냥 인정하지요. 하지만 그 다른 판단이 어떤 관계 속에서 만들어진 것인지를 생각해 보겠지요.

68 어린 시절 이상하게 많이 듣던 말

너무 자발스럽다는 말을 많이 들었어요. 늘 부시닥거리면서 뛰어다니고… 이웃집 아주머니가 등허리에 포대기를 둘러서 업어 줄라치면 이쪽저쪽 두리번거려서 허리가 아파서 못 업어 주셨대요.

69 화났을 때 하는 행동은

째려봐요. 그리고 얼른 고개를 돌려서 잊으려 노력해요.

70

??? 70번 항목이 빠졌어요.

71 특이한 습관

다리를 늘 꼬고 앉아요.
허리에 부담을 줘서
안 좋다는데….

72 내 주위에서 이런 것은 없어지면 좋겠다

출세주의자들…
기회주의자들… 자기
출세하겠다고 인간성을
버리는 태도들.

73 지금 보고 싶은 사람은

노무현 대통령.

74 좋아하는 연예인

문성근, 명계남, 권해효.

75 군대 시절에 대한 기억

1987년, 1988년을 감옥에서
보냈어요. 그래서 군대는
못 갔어요.

76 어린 시절의 꿈

초등학교 시절에는 독고탁이
나오는 만화를 좋아했어요. 독고탁처럼
야구부 투수가 되고 싶어서 아버지께 야구부가
있는 도회지의 초등학교로 전학을 보내 달라고
졸랐죠. 아버님 왈 "네 키가 얼마나 클지 모르니
좀더 두고 보자." 중학교 때는 육사에 가서
장군이 될 생각을 하기도 했지요… 쩝.

77 현재의 꿈

노무현 대통령과 함께 민주공화국의 초석을 다졌던 사람으로 역사에 남고 싶어요… 정당인으로서 정치인으로서. 선거 때마다 만들어지고 없어지는 이런 하루살이 정당 말고요, 정당정치를 통해 민주공화국 민주주의의 토대를 완성했다는 그런 인물이 되고 싶습니다. 힘없는 백성을 위해 봉기해서… 성공하면… 과거 그 옛날의 지배자와 똑같아지는 그런 권력투쟁의 역사를 끝내고 싶어요. 이런 정치신념이 민주주의라고 생각합니다.

78 나의 라이벌은

내가 좋아하고 존경하는 사람들이 제 라이벌이에요. 그분들을 뛰어넘어야 그 너머의 세상을 볼 수 있잖아요.

79 지금 아내가 울고 있다 어떻게 해줄 것인가

"왜 울어… 슬픈 일이 있었구나… 내가 맛있는 저녁 차려 줄게…."

80 내가 생각하는 행복이란

더러운 놈들의 더러운 꼴을 보지 않고 사는 것.

81 이상적인 세상은 어떤 모습일까

종교, 사상, 인종, 국가, 빈부, 미추(美醜), 젊고 늙음(新舊), 기호, 개성… 이런 차이가 차별이 아니라 인간 세상의 일상적인 다양성으로 포용되는 세상.

82 지금 제일 이루고 싶은 소원

아이들에게 좋은 아빠, 좋은 남편으로 가정을 잘 꾸리는 일.

83 나에게 386이란

세계 어느 나라, 그 어떤 역사적 세대보다도 풍부한 역사적 공감대, 도전력을 가졌던 세대였습니다. 전두환, 노태우를 상대하면서 청춘과 인생을 조진 놈들. 지금은 자신들의 아이들에게 꼰대라고 지칭받는 세대. 젊은 날의 투쟁이 빛바랜 훈장처럼 가슴에 매달려 있기보다는 현실의 살아 있는 정신으로 한국사회에 기여할 수 있는 세대.

84 배우고 싶은 것

피아노를 잘 쳤으면… 아니면 기타라도… 나는 악기를 하나도 못 다뤄요.

85 직업을 바꾼다면

선생님.

86 술버릇은?

말수가 적어지고… 너무 취하면 도망가서 자요.

87 가장 존경하는 사람

노무현, 김대중.

88 전생에 나는 무엇이었을까.
사람이었다면 어떤 사람이었을까

???
생각해 보질 않았는데요.

89 다시 태어난다면

여성이 되어
삼국 카페 회원으로
활약할 텐데….

90 지금 가장 부러운 사람은

강금원 회장님 —
돈을 많이 벌어서
좋은 곳에 쓰시니까.

91 가장 잊을 수 없는 친구

이광재.

92 인터넷을 할 때 주로 가는 곳

사람 사는 세상, 서프라이즈,
더 좋은 민주주의 연구소,
내 블로그와 이웃 블로그,
아나요 카페, 내 홈피, 오마이뉴스,
한겨레, 경향, 독설닷컴,
딴지일보….

93 세상에서 가장 아름다운 것은?

초봄의 신록…
그 가녀린 초록빛에
쏟아지는 햇살의
풍경.

94 가장 기다려지는 날

2012년 12월 19일.

95 지금 잃고 싶지 않은 소중한 것 3가지

가족, 건강, 평화.

96 존경하는 정치인(국내외 상관없이)

노무현, 김대중, 드골.

97 나의 자녀교육 방침

약속을 잘 지키고
정직해라.

98 故 노무현 대통령님께서
지금 우리를 보고 계시다면

'부디 편안히 계세요…
대통령님….'

99 지금 젊은이들에게 추천해 주고 싶은 책

김용옥 교수의 《논술과 철학 강의 1, 2》, 오바마의 《담대한 희망》, E. H. 카의 《역사란 무엇인가》, 옥스퍼드대 미노그 교수 《정치란 무엇 인가》, 장일순 선생의 《노자이야기》, 신영복 선생의 《강의》, 박상진 《궁궐의 우리나무》.

100 하루 중 가장
행복할 때

저녁에 잘 때.

2009년 8월경 팬카페 회원들의 질문에 직접 작성한 내용.

발문

아무도 미워하지 않는 자의 삶: 내가 본 안희정

윤태영
(전 대통령비서실 대변인)

한결같음

오랫동안 서로 만나지 않고 있어도 그가 요즘에 어떤 생각을 하며 어떤 일을 하고 있을지 능히 짐작이 가는 친구가 있다. 그동안 지켜보아 왔던 데서 체득한 느낌이 있고 살아온 이력을 알고 또 어려움에 처했을 때 어떻게 헤쳐 나왔는가를 잘 알고 있기에, 굳이 만나보지 않더라도 그 순간 그의 생각과 판단을 쉽게 예측할 수 있는 사람이 있다. 그만큼 세상을 향해서 마음이 넓게 열려 있고, 어떠한 신산고초(辛酸苦楚)도 일관된 마음가짐으로 이겨내 왔으며, 언제든지 사람들에게 허물없이 흉금과 속내를 터놓는, 유리알처럼 투명한 인물이다.

내가 지금 펜을 들고 인물의 됨됨이에 대해서 속속들이 쓰고자 하는 사람, 바로 안희정 최고위원이 영락없이 그런 사람이다. 그는 위에서 말한 수사에 정확히 들어맞는 인물이다. 한 치의 벗어남도 없다고 자신 있게 이야기할 수 있다. 그는 수많은 시간의 흐름에도 불구하고 전혀 식을 수 없었던, 청년의 뜨거운 열정을 가지고 있다. 어떤 상황에서도 스스로를 포기하지 않게 만들었던 삶에 대한 애정과 철학을 가지고 있다. 무엇보다 그는 사람들을 사랑한다. 그의 이름을 떠올릴 때면 언제나 사람들 속에서 부대끼면서 울고 웃고 또 대화하는 모습이 자연스럽게 연상된다.

그런 사람을 옆에서 지켜볼 수 있는 것도 일종의 행운이다. 나에게는 그런 행운이 있었다. 옛날 국회의원회관의 계단식 통로에서 우연히 그를 만났다. 그는 5층이었고 나는 4층이었다. 그로부터 벌써 20여 년이라는 세월이 흘러갔다. 야당 의원회관 사무실은 학생운동권 출신들이 또 하나의 새로운 도전을 모색하는 공간이었다. 그곳에서 그를 처음 만났고, 3당합당의 부산물로 탄생한 작은 민주당의 당사에서 어깨를 부딪쳐 가며 일했다. 당시 청문회 스타로 이름을 날렸던 노무현 의원은 당의 기획조정실장이었다. 그 후 그는 잠시 정치권을 떠나 외도를 했다. 노무현 의원의 자서전 《여보, 나 좀 도와줘》를 출간한 출판사이다. 나 역시 그와 시간을 엇갈리면서 그 출판사에서 일했었다. 1990년대 중반 그는 원외가 된 노무현 최고위원의 지방자치실무연구소에서 핵심으로 일했다.

열심히 일하고 또 일을 즐겨 하는 모습이었지만, 노무현 최고위원과 안희정의 정치적 진로는 쉽게 열리지 않는 듯했다. 그 시절 그와 나는 가족들과 함께 서로의 집을 오가며 삶의 기쁨과 힘겨움에 대해 함께 이야기를 나누었다. 그는 언제나 꿈과 이상을 이야기했고, 그것을 실현하기 위한 현실의 실천방안을 고민했다. 그 고민은 마침내 2000년에 노무현 대통령 만들기 프로젝트로 구체화되었다. 같이 일하자는 그의 제안을 나는 거절할 수 없었다. 대통령후보 경선을 준비하던 이른바 '금강캠프'! 그는 30대 후반의 나이에 이미 당의 중진의원들 정도가 해야 할, 캠프의 살림살이를 총괄하고 있었다. 젊은 나이에 큰 짐을 맡았다고 하기 이전에 큰일을 해낼 만큼 그는 정치적으로 더욱 성장해 있었다. 그리고 대선 승리가 그에게 가져다준 고초를 묵묵히 운명으로 받아들이는 그를 안타까움으로 지켜보았고, 다시 스스로의 힘으로 당의 최고위원으로 부활하는 모습을 보며 길게 지녀왔던 무거운 미안함을 내려놓으며 끝없는 박수를 보내기도 했다.

그 시간들의 변곡점마다 그는 언제나 한결같은 모습이었다. 지방자치실무연구소에서도 그랬고, 금강빌딩 캠프에서도 그랬다. 그는 조직이나 그룹의 한가운데에 있었다. 핵심이자 중추였다. 새로운 일은 안희정으로부터 시작되었고, 오래된 일은 안희정의 손을 통해 마무리되었다. 내부적으로는 그룹의 구성원들을 관리하고 대외적으로는 수많은 사람들을 상대해야 했다. 그것은 어쩔 수 없는 그의 몫이었다. 그보다 더 잘할 수 있는 대안이 없었기 때문이다. 바쁜 와중에서도 그는 한국정치의 미래를 위한 창의적 모색을 하는 데 게으르지 않았다. 남보다 일이 많은 만큼 잠자는 시간을 더 쪼개어 그는 한국사회의 현실을 천착하고 새로운 문화를 습득했다.

그런 중에도 그는 사람을 대하면서 웃음과 여유를 잃은 적이 없으며, 타인과 전체를 위해 자기희생을 하는 양보의 미덕도 잃은 적이 없다. 일이 잘못되었을 경우 그 누구를 탓하는 모습도 접해보지 못했지만, '그 일은 사실 내가 이렇게 이렇게 해서 그렇게 완성된 것'이라고 생색을 내는 모습도 접해본 적이 없다. 그는 그런 사람이다.

내가 지켜보았던 20년의 세월 동안 그에게도 달라진 것이 없지는 않다. 젊은 시절의 형형했던 눈동자는 이제 쉽게 헤아릴 수 없는 깊이로 마주 앉아 있는 사람을 더욱 편안하게 해주는 그윽한 눈동자로 바뀌었다. 타고난 언변은 그동안 자신이 겪어왔던 질풍노도의 시간들과 우여곡절의 경험들이 훌륭한 비유가 되고 특별한 지혜가 되어 더욱 풍부해져 있다. 자신의 품성 때문에 겪을 수밖에 없었던 간난신고(艱難辛苦)가 스스로 표현하듯이 자신을 담금질해 온 것이다.

2009년 5월, 노무현 대통령이 서거하신 뒤의 봉하 마을. 그는 대통령이 떠나고 난 큰 빈자리를 말없이 지켰다. 장례기간 중에는 수많은 일반 조문객들을 맞이하는 맏상주의 역할을 했다. 누가 시켜서, 누구의 요청 때문에 졸음을 쫓아내며 그 자리를 지킨 것이 아니었다. 그는 항상 그 모든 일을 자청해서 했다. 회의가 끝나면 빈소로 달려갔고 남들이 피하는 한밤중의 시간에도 그는 빈소를 묵묵히 지켰다. 국민장이 끝난 후 아침이면 봉화산 정토원에 올라 대통령께 인사를 올렸다. 그는 상주로서 위로를 받으려 하지 않았다. 오히려 대통령 주변의 사람들, 그리고 봉하 마을을 찾아오는 지인들을 위로하는 데 더욱 열중했다. 어쩌면 그의 인생에서 맞이해야만 했던 시련과 아픔들 중에서 가장 처절하고 힘겨웠을 고통이었겠지만, 그는 그 순간에도 한결같은 품성과 자세를 잊지 않고 있었다. 그가 안희정이다.

풍운의 이면

안희정과 바둑 같은 게임을 하면 쉽게 끝이 나지 않는다. 초반부터 안희정이 연거푸 이겨 압승을 하는 경우는 예외이다. 그럴 때에는 물론 싱겁게 게임이 끝난다. 그런데 서로가 막상막하의 실력을 가지고 용호상박의 대결을 펼치게 된다면 그의 상대방은 뜻하지 않게 지구전을 각오해야 할 수도 있다. 그는 아슬아슬한 승리에 좀처럼 만족하지 않는 편이다. 아슬아슬한 패배는 말할 것도 없다. 그는 타고난 승부근성을 갖고 있다. 언제나 확실하게 승부를 가르고 싶어 한다.

승부욕이란, 실력은 물론 집념과 끈기가 담보되어야 빛이 나기 마련이다. 그에게는 확실히 그렇게 하고도 남을 만한 남다른 집념과 끈기가 있다. 그것 또한 한결같음의 또 다른 모습일까? 아무튼 이 집념과 끈기가 바로 풍운아와도 같았던 그의 젊은 시절을 해석해 주는 키워드이자, 오늘날의 안희정을 만들어 낸 근본동력이 아닐까 싶다.

집념과 끈기를 이야기하는 것으로 그의 승부근성이 완전히 설명되는 것은 아니다. 그를 설명하는 데 결코 빼놓을 수 없는 단어가 하나 있다. 바로 치열함이다. 그의 치열함은 보통 사람의 두 배 이상이다. 그는 매사에 정(精)과 성(誠)을 다한다. 바로 위에서 말했듯이 그는 남들에게는 사소한 휴식 같아 보이는 게임에도 총력을 다해 집중한다. 허투루 넘어가는 법이 없다.

원외이던 노무현 대통령과 일을 하면서 어렵게 살림을 꾸려가던 90년대 중·후반 무렵, 아마 남다른 승부욕의 그로서도 여러 번 포기하고 싶은 순간들이 없지 않았을 것이다. 그는 연구소를 꾸려 나가기 위해 훗날 대선과정에서 문제로 불거졌던 장수천 생수사업을 직접 맡아 불철주야 영업을 하고 다녔다. 사람을 만나는 자리만 있으면 생수영업을 하는 그의 모습을 수도 없이 목격했다. 그러나 결과는 좋지 않았다. 그는 온몸으로 그 실패를 감내했다. 그에게는 좌절이나 포기의 마음이 들어설 여지가 없었던 것이다.

그 시절을 거치고 나서 수년 후 그는 마침내 노무현 후보의 대선캠프를 꾸린다. 노무현 대통령의 부산 북강서 을 국회의원 선거 도전이 실패로 끝난 다음의 일이었다. 그리고 그는 선거에 여섯 번 도전하여 2승 4패라는 화려하지 않는 전적을 가진 노무현 후보를 대통령으로 만들어 내는 주역이 된다. 또한 그 자신, 정권이 교체된 2008년의 어려운 시기에 당 최고위원 선거에 혈혈단신으로 도전하여 당당하게 지도부에 입성하는 데 성공한다. 그는 쉽지 않은 선거마다 온몸을 던져 승리를 일구어냈다. 그 밑천은 분명 그만의 자산인 치열함이었다.

그 자신이 회고하는 어린 시절과 청년 시절은 이야기만 들어봐도 예사롭지 않다. 고등학교 시절부터 충남대학교 학생들을 만나 시국에 관한 이야기를 나누고 대학생들이 읽던 책들을 섭렵하다가 직접 시위에 나섰던 모습. 그래서 결국 고등학교를 그만두고 검정고시를 치게 되기까지의 과정은, 그야말로 그의 풍운아적 기질을 보여준다. 도대체 그는 어린 나이에 왜 그런 생각을 하고 그런 행동을 했을까?

그 해답을 역시 나는 그의 치열함에서 찾는다. 보통 사람이라면 어린 시절에 그냥 스쳐 지나쳐 버릴 수도 있었던 사회의 문제를 그는 외면하지 않았던 것이다. 그것을 자신의 고민으로 내면화시켰고, 다시 행동으로 실천했던 것이다. 자신에게 다가올 불이익을 걱정하기보다는 불의를 참지 못하는 자신의 성격에 더욱 충실했던 것이다.

그와 대화를 나누다 보면, 그가 사고하는 세계가 보통사람 이상으로 무한하게 확장되어 있음을 발견한다. 사용하는 용어와 비유들을 보면, 작은 문제 하나까지도 깊이 생각해 보지 않았다면 떠올릴 수 없는 언어들을 구사하고 있음을 발견한다. 그런데 그가 정작으로 사람들로부터 사랑받는 이유는 그 치열함의 이면에서 언뜻언뜻 발견되는 한없이 여린 인간적인 모습일 것이다. 그는 그것을 일부러 숨기려 하지 않는다. 정치인이기에 항상 강해야 하고 당당한 모습이어야 한다는 생각이 그의 머리에는 없는 듯하다.

사람이 모든 일을 다 잘할 수는 없다. 특히나 정치권에서 한 가지 목표를 향해 치달리는 사람의 경우에는 더욱 그러하다. 남들보다 더 빨리 움직이고 더 많은 사람을 만나야 하는 것이 정치이다. 당연히 가족을 비롯하여 주변의 인간관계에서 소홀해지는 대목이 자연스럽게 발생하기 마련이다. 안희정의 욕심은 할 수만 있다면 그것조차도 극복하고 싶어 한다. 아내의 남편으로서, 자식의 아버지로서 자신이 해야 할 도리를 다하려고 기어이 애를 쓴다. 가정뿐만이 아니다. 주변의 선배면 선배, 동료면 동료, 후배들에게까지도 자신의 도리를 다하기 위해 끝까지 노력한다. 그러한 그의 심성이 그를 매력 있는 정치인으로 만들어 놓았다. 그에게는 정치인이라면 으레 들리게끔 되어 있는 상투적 비판들, 이를테면 "그 사람 달라졌어!", "무슨 자리에 올라가더니 목에 힘들어갔어!" 하는 등의 비난이나 매도가 없다. 강할 때는 한없이 강한 사람이면서도 약해야 할 때는 한없이 약한 사람, 그가 바로 안희정이다.

작은 노무현

2008년 그가 최고위원 경선에 도전했을 당시, 전당대회를 앞두고 캠프에서 회의가 열렸다. 선거 당일의 승부를 가늠할 연설을 어떤 내용으로 어떻게 할 것인가를 논의하는 회의였다. 나에게도 회의참석 요청이 왔다. 후보가 상당히 고집이 세니, 회의에 참석해서 후보를 설득할 수 있는 이런저런 이야기를 해달라는 것이 요청의 주된 배경이었다.

그가 아직 자리에 돌아오지 않은 시간, 회의에서는 많은 이야기가 쏟아져 나왔다. 후보가 너무 자기 생각만 이야기하려고 한다는 비판들이 많았다. 대의원들의 정서를 생각해야 하는데, 자기 논리만 너무 앞세운다는 불만이었던 듯하다. 나도 거기에 한 표를 던졌다.

늦은 시각 돌아온 후보는 캠프에서 회의 끝에 준비한 연설문을 검토하기 시작했다. 많은 내용들이 채택되기도 했지만 또 많은 내용들은 후보에 의해 거부되었다. 수용한 내용들의 경우도 그는 자신의 철학과 원칙의 관점에서 재해석하면서 자기 나름의 방식으로 소화하려고 했다. 자신의 철학과 원칙에 일맥상통하지 않는 내용은 아무리 내용이 그럴듯하다 해도 쉽게 받아들이지 않았다. 후보의 연설자세에 대해서도 이러저러한 비판이 쏟아졌다. 그는 묵묵히 듣고 있다가, 마지막으로 결론을 정리했다. '여러분의 의견을 다 감안해서 제가 할 수 있는 방식대로 하겠습니다.' 그 순간 그의 얼굴 위로 노무현 대통령의 모습이 오버랩되었다.

그 역시 참모들이 써주는 문장을 그대로 읽는 정치인은 아니었다. 자신의 콘텐츠가 아니면, 자신의 언어가 아니면 설사 인정을 하더라도 그대로 받아들이지는 않으려 했다. 자신의 사고체계에서 충분히 여과되어 비로소 자신의 것이 될 수 있을 때, 그는 자신의 언어로 변형시켜 이야기했다. 그것은 바로 영락없는 노무현 대통령의 모습이었다. 다음 날 그는 전당대회장에서 좌중을 감동시키는 명연설을 했다. 그것이 최고위원에 오르는 결정적 견인차가 되었음은 두말할 필요도 없다.

그 같은 기질은 과연 노무현 대통령으로부터 배운 것일까? 물론 그럴 수도 있을 것이다. 그러나 나는 그렇게 단정하고 싶지 않다. 그가 노무현 대통령을 만나기 이전의 모습을 알고 있기 때문이다. 그는 원래 그런 사람이었다. 자신의 철학과 자신의 언어에 투철한 사람이란 뜻이다.

그럼에도 불구하고 그는 많은 면에서 노무현 대통령과 닮아 있다. 비슷한 면이 많다. 오랜 세월 노무현 대통령으로부터 배운 탓일 것이다. 대표적인 한 가지를 꼽으라면 자기를 희생하는 정치가 그렇다. 그는 노무현 대통령을 만들어 낸 일등공신임에도 청와대 비서진을 꾸릴 때 배제되었다. 그 상황에서 그는 자리를 고집하지 않았다. 그 후 대선자금 문제로 홀로 옥고를 치를 때에도 누구를 원망하거나 탓하지 않았다. 출옥 후에는 어떤 자리도 탐하지 않으면서 야인의 힘든 길을 걸었고, 자신에 대한 사면복권조차도 강청하지 않았다. 자신의 문제가 걸림돌로 작용하는 듯이 보일 때마다 스스로 먼저 나서서 비켜서는 것이 그의 일관된 행보였다. 2008년 대통합민주당의 국회의원 공천과정에서 공심위의 결정을 아무런 이의 없이 받아들였던 모습이 그 모든 것을 증명한다.

노무현 대통령이 자기희생의 정치를 통해 대통령이 되었기에 그 길을 따라가자는 것? 결코 그렇지 않다. 사람이 눈앞의 자기 이익을 포기하는 순간에는 그동안 지녀왔던 희망도 함께 사라지기 마련이다. 특히 정치권은 미래를 쉽게 예단하기 어려운 곳이다. 그만큼 현실의 이익이 중요한 곳이다. 그런 정치권에서 다소의 무리를 감내하더라도 자기의 이익을 끝까지 주장하지 않았던 것은 그가 명분에 충실한 정치인이라는 사실을 여실히 보여준다. 매 순간마다 그는 자신이 정도라고 믿은 정치의 길을 걸어간 것이다. 나는 그 아름다운 양보와 희생에 대해 언젠가는 운명의 신이 큰 보답을 해줄 것으로 믿어 의심치 않는다. 물론 그는 운명의 신에 기대지 않고, 스스로의 운명을 개척하기 위해 지금도 치열하게 하루하루를 보내고 있지만.

정치일꾼

그는 보기 드문 합리주의자이다. 사안을 자신에게 유리하게 해석하지도 않고 자신의 이기심으로 세상을 분석하지도 않는다. 그는 균형과 중용을 안다. 지나친 것은 부족함보다 못하다는 사실도 잘 안다. 더욱이 누구와 만나도 대화를 할 수 있는 열린 마음의 소유자이다. 당연히 그의 주변에 사람들이 모일 수밖에 없다. 그런 그의 능력이 노무현 대통령의 대선캠프를 꾸릴 수 있었던 원동력이었을 것이다.

그런데 사람이 많이 모이면 따라오는 것이 하나 있다. 일이다. 내가 그를 지켜봐온 동안 그에게 가장 많이 주어진 것은 영광이나 명예나 좋은 자리가 아니라 산더미 같은 일이었다. 그래서 나는 적절한 표현인지 모르지만 그를 '정치일꾼'으로 부르는 데 주저함이 없다. 불쌍하고 가엾기는(?) 하지만 그것이 그의 운명이기 때문이다.

그렇다고 해서 그가 그 산더미 같은 일을 마다하는 것은 본 적이 없다. 지금 이 순간도 아마 마찬가지일 것이다. 그는 어쩌면 일이 없으면 스스로 불행함을 느낄 체질이다. 왜냐하면 그에게는 세상을 올바르게 바꾸려는 열정이 있기 때문이다. 그동안의 모진 시련이 담금질하면서 만들어 낸 경륜과 지혜가 있기 때문이다. 그것은 그의 자산이 아니라 이 시대를 함께 살아온 우리 모두의 자산이다.

아주 오래전, 그를 처음 만나던 순간이 다시금 떠오른다. 5층의 사무실을 향해 활기찬 걸음으로 계단을 걸어 올라오면서 층층마다 환한 미소로 인사하는 것을 하루도 빼놓지 않았던 젊은 청년. 그 청년은 20년이라는 세월을 투자하여 만들었던 대통령을 자신의 가슴속에 영원히 묻었다. 그리고 이제는 그의 시대이다. 못 다 이루었던 노무현 대통령의 꿈과 이상이 그의 시대에 일보 전진될 것임을 나는 믿어 의심치 않는다.

안희정 安熙正, Ahn Hee-Jung

출생

출생지 : 충청남도 논산시 연무읍

생　년 : 1964년 10월 28일(음력)

학력

1977　구자곡초등학교 졸업

1980　연무중학교 졸업

1980　남대전고등학교 중퇴 (2003년 명예졸업)

1995　고려대학교 졸업

약력

2009　민주당 행복도시원안추진특별위원회 위원장

2008　민주당 최고위원, 민주당 논산·금산·계룡 지역위원장

2007　참여정부평가포럼 상임집행위원장,
　　　대전충남 참여정부평가포럼 상임대표

2002　새천년민주당 노무현 대통령후보 비서실 정무팀장

1994　지방지치실무연구소 사무국장

관련 웹사이트

홈페이지 : www.ahnhj.kr

블 로 그 : http://blog.daum.net/steelroot

미니홈피 : www.cyworld.com/steelroot

트 위 터 : http://twitter.com/steelroot

이 메 일 : steelroot7@hanmail.net

담금질
안희정의 새로운 시작
안희정